U0947914

基于股票市场稳定性视角的

中国上市公司真实盈余管理行为研究

鲍学欣　林　川◎著

中国财富出版社

图书在版编目（CIP）数据

基于股票市场稳定性视角的中国上市公司真实盈余管理行为研究／鲍学欣，林川著．—北京：中国财富出版社，2019.4

ISBN 978-7-5047-6883-4

Ⅰ．①基…　Ⅱ．①鲍…　②林…　Ⅲ．①上市公司—企业利润—研究—中国　Ⅳ．①F279.246

中国版本图书馆 CIP 数据核字（2019）第 058006 号

策划编辑 惠　婳　杜　亮　　**责任编辑** 张冬梅　郭　莹
责任印制 梁　凡　郭紫楠　　**责任校对** 卓闪闪　　**责任发行** 董　倩

出版发行 中国财富出版社
社　　址 北京市丰台区南四环西路 188 号 5 区 20 楼　　**邮政编码** 100070
电　　话 010-52227588 转 2098（发行部）　010-52227588 转 321（总编室）
010-52227588 转 100（读者服务部）　010-52227588 转 305（质检部）
网　　址 http://www.cfpress.com.cn
经　　销 新华书店
印　　刷 北京九州迅驰传媒文化有限公司
书　　号 ISBN 978-7-5047-6883-4/F·3012
开　　本 710mm×1000mm　1/16　　**版　　次** 2019 年 5 月第 1 版
印　　张 13　　**印　　次** 2019 年 5 月第 1 次印刷
字　　数 213 千字　　**定　　价** 46.00 元

版权所有·侵权必究·印装差错·负责调换

前　言

随着2000年美国接连出现多起财务丑闻案件，上市公司操弄应计盈余的行为逐渐被关注，而2002年美国《萨班斯-奥克斯利法案》的出台，则在一定程度上限制了上市公司对于应计盈余的操弄。于是，真实盈余管理作为一种新的盈余管理方式，被越来越多的上市公司管理层接受并选择。与传统的应计盈余管理相比，真实盈余管理通过操控经营、筹资和（或）融资等实际交易活动，误导市场投资者，进而达到自身盈余管理的目的，而且这种真实盈余管理受到企业会计弹性的约束较小。然而，真实盈余管理同样具有对上市公司长期发展、市场投资者合法利益的损害性，尤其是随着应计盈余管理难度的增加，近年来上市公司操弄真实盈余的程度也在逐渐增加。因此，对真实盈余管理进行相应的研究，发现上市公司操弄真实盈余的根本原因，寻找约束与抑制真实盈余管理的途径，就具有重要的理论与现实意义。

本书在借鉴传统金融理论、行为金融理论等相关基础理论，并参考已有文献的基础上，测度中国上市公司真实盈余管理的程度，以此检验中国上市公司真实盈余管理与应计盈余管理之间的关系；并基于获取利益视角、逃避外部监管视角、逃避内部监管视角，检验中国上市公司进行真实盈余管理的原因，以及真实盈余管理对上市公司在股票市场中表现的影响，并根据所得实证结论提出相应的政策建议。

研究结果表明：①在中国上市公司中普遍存在进行真实盈余管理的行为，不同行业的真实盈余管理程度存在差异，而且普遍存在利用真实盈余管理替代应计盈余管理的行为。②中国上市公司利用真实盈余管理替代应计盈余管理的根本原因是为了获取足够的盈余管理收益。当上市公司操弄真实盈余时，能够在追逐利益的同时规避风险（成本），在规避损失的同时偏好风险（成本)，同时在收益区间的系数关系要平缓于损失区间的系数关系；真实盈余管理能够让中国上市公司获得更好且时间更长的公司业绩；真实盈余管理能够让上市公司获得更少的市场投资者负向影响。③中国上市公司并不存在因为规避外部监管而操弄真实盈余的行为，高质量的外部审计能够发现并规避真实盈余管理；良好的外部制度环境同样能够抑制真实盈余管理。④中国上市公司同样并不存在因为规避内部监管而操弄真实盈余的行为，良好的内部控制也能够约束对真实盈余的操弄；而独立董事制度同样也是一种良好的监管真实盈余管理的方式。⑤中国上市公司的真实盈余管理行为会对其在股票市场的表现产生不良的影响，上市公司的真实盈余管理程度越高，则其股价崩盘风险越高，而且股票流动性越差。

与以往研究相比，本书研究的创新之处体现在以下几方面。

第一，已有文献更多认为上市公司利用真实盈余管理替代应计盈余管理，即上市公司进行真实盈余管理是因为降低了应计盈余管理。但本书认为这种替代现象仅是一种“表象”，即上市公司进行真实盈余管理有其他原因，如获取利益、逃避监管的原因，而这些原因造成的结果是真实盈余管理替代了应计盈余管理。这是本书研究视角的创新之处。

第二，本书在研究过程中，主要基于上市公司获取利益、逃避外部监管与逃避内部监管三个视角讨论真实盈余管理对应计盈余管理的替代性，其中包括利用前景理论讨论真实盈余管理的风险与收益，利用前景理论解释真实盈余管理的存在。这是已有文献中并未涉及的，是本书研究内容的创新之处。

第三，本书研究分析并验证了获取利益因素是中国上市公司进行真实盈余管理的最根本原因，这为真实盈余管理的研究提供了新的研究结论与经验证据。一方面为相关监管部门制定监管政策与确定监管目标提供了证据支撑，另一方面也使得针对真实盈余管理的研究更为完善。这是本书所得研究结论的创新之处。

目　录

1 绪 论

1.1 研究背景及意义

虽然对于盈余管理的概念，在会计学界一直存在争议，但更多学者将盈余管理定义为在会计准则许可范围内，企业通过对外报告会计收益信息的控制或调整，达到主体自身利益最大化的行为。从 20 世纪 80 年代开始，盈余管理的问题就引起了学术界的关注，在 90 年代之后更是得到了全面的发展。而在 2000 年后，美国能源巨头安然公司（Enron Corporation）的破产倒闭，以及接连发生的世界通信公司（WorldCom）、泰科国际（Tyco International）、时代华纳（Time Warner）等企业的重大会计丑闻，再一次让世人对企业的盈余管理行为更为重视。这些企业操弄盈余的行为所产生的市场丑闻，对美国资本市场甚至世界资本市场都产生了巨大的影响，严重影响了投资者的信心。于是，美国政府于 2002 年出台《萨班斯-奥克斯利法案》，以通过立法的形式，从会计职业监管、公司治理、资本市场监管以及外部审计师监管的层面，建立一个新的监督体制，以重新树立良好的资本市场形象，挽回市场投资者的信心。

虽然《萨班斯-奥克斯利法案》的出台抑制了上市公司操纵盈余的行为，保护了市场投资者的合法利益，但同时也产生了部分负面的影响。一方面，《萨班斯-奥克斯利法案》的出台增加了市场的监管力度，也增加了上市公司的外部审计费用，使得很多上市公司无奈或被迫选择在美国以外的资本市场上市；另一方面，《萨班斯-奥克斯利法案》的出台也引发了对于资本市场到底应该是市场监管还是法律监管的争议。但是必须看到的是，在《萨班斯-奥克斯利法案》出台之后，美国上市公司通过会计报告操弄盈余的应计盈余管理行为的确出现了明显的下降（Cohen et al.，2008）。然而，随着上市公司应计盈余管理程度的降低，部分上市公司为了达到自身目的，转而操纵并不容易被发现的“真实盈余”。上市公司通过操控经营、筹资和（或）融资等实际交易活动，误导市场投资者，进而达到自身盈余管理的目的，而且这种真实盈余管理受到企业会计弹性的约束较小（蔡春等，2011），并不容易轻易地被外部审计等监管发现，所以在《萨班斯-奥克斯利法案》后，真实盈余管理成为更多上市公司操纵盈余的首选。

其实，Schipper（1989）就已经提出了真实盈余管理，认为这种盈余管理的形式是通过安排投资或筹资决策的时间来改变盈余或盈余的某些子项目，从而达到盈余管理的目的。也就是说，与应计盈余管理直接操弄会计报告的行为不同，真实盈余管理是通过操弄上市公司的真实经营活动而实现的。真实盈余管理在早期并不被很多企业所使用，更多是为了减少研发支出从而减少报表费用而使用，所以就不被学术界所重点关注。但是《萨班斯-奥克斯利法案》的出台却为学者研究监管环境变化对盈余管理方式的影响提供了良好的机会（蔡春等，2011）。于是，更多的文献开始关注真实盈余管理是什么，企业为什么会操弄真实盈余，会通过什么途径、什么手段操弄盈余以及真实盈余管理会给企业带来什么。然而，所有的这些研究都基于一个前提假设，即真实盈余管理对应计盈余管理产生了作用，无论是替代效应，还是互补效应。所以，对真实盈余管理进行研究的文献中，大多是基于真实盈余管理与应计盈余管理二者关系的。

那么，真实盈余管理与应计盈余管理之间到底存在什么样的关系？有学者认为二者之间存在的是替代的关系，由于《萨班斯-奥克斯利法案》的出台使得外部审计监管能力更强，上市公司被迫将应计盈余管理转为真实盈余管理（Cohen et al.，2008；Chi et al.，2011；Roychowdhury，2006）。但也有学者认为二者之间存在的是互补的关系，上市公司会在进行应计盈余管理的同时加强真实盈余管理。然而，无论真实盈余管理对应计盈余管理产生替代还是互补的效应，都是一种表象，上市公司为什么会利用真实盈余管理替代或补充应计盈余管理，这是相较于二者关系而言更应该被关注的问题，但也是目前已有研究相对关注较少的问题。因此，研究上市公司为什么要操弄真实盈余——并且透过真实盈余管理与应计盈余管理间替代或者互补关系的表象对这一问题进行研究——以及真实盈余管理与应计盈余管理分别会对资本市场产生什么样的影响，就具有重要的理论与实践意义。

从理论意义上来讲，已有文献更多是利用不同的数据，提供应计盈余管理与真实盈余管理之间的经验证据，却并没有深入地探讨应计盈余管理与真实盈余管理之间为什么会存在这种关系，也就是说并没有探讨上市公司操弄真实盈余的真实原因。而本书希望在提供经验证据的基础上，进一步分析上市公司操弄真实盈余的最重要原因，从而既可以丰富真实盈余管理的文献，也可以提供相应的中国资本市场证据。

从实践意义上来讲，上市公司操弄真实盈余的管理行为，会对上市公司的长期发展、资本市场以及市场投资者产生不良的影响，因此发现上市公司操弄真实盈余的真正原因，从而从根本上抑制真实盈余管理，才是对上市公司及其投资者最好的保护。而本书可以针对真实盈余管理，基于企业长期发展、公司治理体系、外部审计等多方面提供相应的经验证据，从而有助于建立一整套监管与制约真实盈余管理的体系。

1.2 研究目的与研究内容

1.2.1 研究目的

已有研究更多认为用真实盈余管理替代应计盈余管理是中国上市公司进行真实盈余管理的原因，但本书认为这仅是表象，或者说是结果。因此，本书希望从不同视角探讨中国上市公司利用真实盈余管理替代应计盈余管理的原因，一方面有利于寻找中国上市公司进行真实盈余管理的原因，揭示上市公司的真实行为；另一方面希望通过对上市公司真实盈余管理的研究，发现上市公司对盈余管理的掩饰行为，从而为相关监管部门的监管行为提出有益的建议。

1.2.2 主要研究内容

本书在借鉴传统金融、行为金融等理论，并参考已有文献的基础上，测度中国上市公司真实盈余的操弄程度，以此检验中国上市公司真实盈余管理与应计盈余管理之间的关系，并基于获取利益视角、逃避外部监管视角、逃避内部监管视角，检验中国上市公司操弄真实盈余的原因及其对股票市场稳定性的影响，并根据所得研究结论提出相应的政策建议。本书的主要研究分为11章，简述如下。

第1章：绪论。本章主要阐述本书的选题背景、研究的理论与实践意义、主要的研究内容与研究方法、研究的创新所在，提炼本书的研究思路与技术路线，并对本书涉及的主要概念进行阐释与界定。

第2章：理论借鉴与文献回顾。本章主要对本书涉及的主要理论进行相应的阐述，主要包括代理理论、行为金融学理论等；同时对真实盈余管理的相关文献进行评述，主要包括上市公司进行真实盈余管理的动机、手段、经济后果、治理模式、测度方法，以及真实盈余管理与应计盈余管理之间的关系等。

第3章：真实盈余管理测度。本章主要确定本书测度中国上市公司真实盈余管理程度的计量模型，并在测度中国上市公司真实盈余管理程度的基础上，进行年度特征与行业特征的统计差异分析。

第4章：真实盈余管理与应计盈余管理的关系检验。本章通过测度中国上市公司的应计盈余管理，并比较同期真实盈余管理与应计盈余管理之间的关系，判断中国上市公司的真实盈余管理与应计盈余管理之间存在的是替代效应还是互补效应。

第5章：中国上市公司真实盈余管理原因的框架构建。本章针对中国上市公司真实盈余管理原因的分析思路进行讨论，并分析真实盈余管理的原因框架。

第6章：基于获取利益因素视角的真实盈余管理原因分析。本章主要从中国上市公司获得真实盈余管理收益的视角进行研究。首先，本章依托行为金融学的前景理论，分析上市公司在进行真实盈余管理的过程中，与应计盈余管理相比存在的收益与风险间的关系；其次，从公司业绩的视角，测度真实盈余管理与应计盈余管理对公司表面业绩分别产生的影响；最后，从现金股利的视角，分析上市公司真实盈余管理与应计盈余管理在对现金股利影响中的差异。

第 7 章：基于规避外部监管因素视角的真实盈余管理原因分析。本章主要从中国上市公司在操弄真实盈余管理过程中逃避外部监管的角度进行研究。一方面，本章选择外部监管中最直接的显性监管方式，即外部审计，检验真实盈余管理产生的影响；另一方面，基于隐性监管方式，讨论制度环境对真实盈余管理产生的影响。

第 8 章：基于规避内部监管因素视角的真实盈余管理原因分析。本章主要从中国上市公司在操弄真实盈余管理过程中逃避内部监管的角度进行研究。一方面，本章讨论内部控制行为能否对真实盈余管理产生相应的约束作用；另一方面，基于独立董事制度，讨论独立董事的存在能否对真实盈余管理产生影响。

第 9 章：基于股票市场稳定性视角的真实盈余管理经济后果分析。本章主要分析中国上市公司真实盈余管理对股票市场的影响，包括真实盈余管理对上市公司股价崩盘风险的影响以及真实盈余管理对上市公司股票流动性的影响。

第 10 章：对策建议。结合本书得到的经验证据结论，本章主要针对中国上市公司真实盈余管理过程中存在的问题以及操弄的隐蔽性，提出监管真实盈余管理的相关政策建议。

第 11 章：研究结论与展望。本章主要对前几章的研究及研究过程中存在的不足进行总结，并对进一步的研究进行展望。

1.3 研究思路与研究方法

1.3.1 研究思路

本书在借鉴与总结已有理论与文献的基础上，利用中国上市公司的实际数据测度中国上市公司真实盈余管理的程度，并基于获利因素、逃避外部监管因素、逃避内部监管因素对中国上市公司操弄真实盈余的原因进行理论与实证的分析，从而提出相应的政策建议。之所以基于获利因素、规避内外部监管因素等视角讨论上市公司真实盈余管理的原因，是因为当前实务界、学术界将上市公司操弄真实盈余的原因更多地归咎于其对应计盈余管理的替代，即在严格管控下寻找的另外一种获利途径。因此，本书主要的研究思路为发现问题、分析问题与解决问题，具体研究的技术路线如图 1 －1 所示。

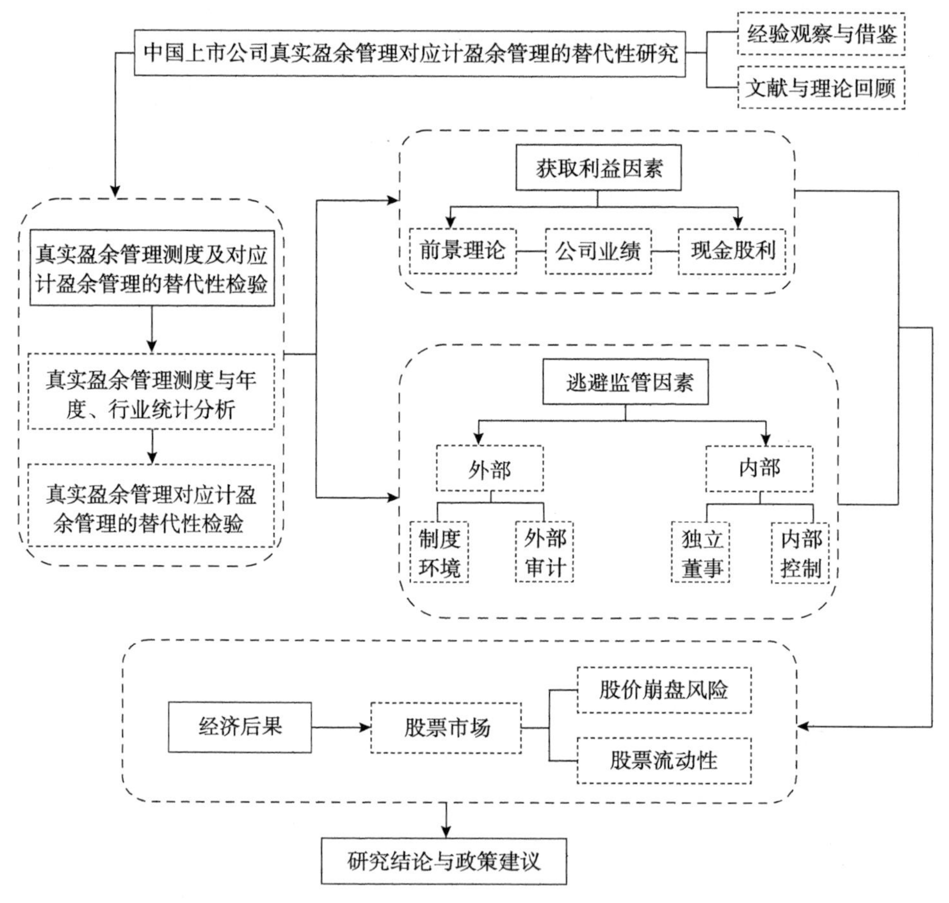

图 1 －1　本书技术路线图

1.3.2　研究方法

（1）行为金融学分析方法。行为金融学是将行为科学的理论融入金融学的研究方法与研究过程中，从微观个体行为及产生这种行为的心理动因去解释、研究并预测相关的问题。本书在研究过程中利用行为金融学的理论与方法，考虑上市公司真实盈余管理过程中涉及的心理问题，如本书会涉及行为金融学中的前景理论，利用该理论的思想与方法研究真实盈余管理。

（2）定性分析与定量分析方法。定性分析是凭借分析者的直觉与经验，根据分析对象的过去、现金的延续状况以及最新资料，判断分析对象的性质、特征、发展规律变化的研究方法，通常以语言文字的形式进行研究；而定量分析则是根据统计数据建立相应的数学模型，并利用数学模型计算出分析对象的各项指标及其数值的研究方法，通常以数字模型的形式进行研究。本书在研究过程中将定性分析与定量分析结合，试图更全面地分析中国上市公司真实盈余管理对应计盈余管理的替代效应。

（3）法金融学分析方法。法金融学是将法学与金融学的相关知识及研究方法进行统一与融合，尤其是在关于外部监管的研究中，通常都会涉及法金融学的研究方法。如本书中从外部监管方面的制度环境视角研究真实盈余管理对应计盈余管理的替代，就会用到法金融学的相关分析方法。

（4）比较分析法。“有比较才有区别”，通过比较发现对象之间的差异，进而分析差异存在的原因，才能抓住问题的关键，最终提出切实可行的解决方案。本书基于不同视角讨论中国上市公司进行真实盈余管理的原因，并进行相应的比对，以此发现中国上市公司进行真实盈余管理的真正原因。

1.4 创新之处

第一，已有文献更多认为上市公司利用真实盈余管理替代应计盈余管理是上市公司进行真实盈余管理的原因，但本书认为这种替代现象仅是一种“表象”，即获取利益、逃避监管等其他原因造成了上市公司用真实盈余管理替代应计盈余管理，这是本书研究视角的创新之处。

第二，本书在研究过程中，主要基于上市公司获取利益、逃避外部监管与逃避内部监管三个视角讨论真实盈余管理对应计盈余管理的替代性，其中，利用前景理论讨论真实盈余管理的风险与收益、解释真实盈余管理的存在，是已有文献并未涉及的，这是本书在研究内容方面的创新之处。

第三，本书分析并验证了获取利益因素是中国上市公司进行真实盈余管理的最根本原因，这为真实盈余管理研究提供了新的研究结论与经验证据：一方面为相关监管部门制定监管政策与确定监管目标提供了证据支撑，另一方面也使得针对真实盈余管理的研究更为细致与完善。这是本书所得研究结论的创新之处。

1.5 相关概念界定

1.5.1 盈余管理与应计盈余管理

盈余管理的定义有狭义和广义之分。

狭义的盈余管理指的是会计政策选择所具有的经济后果的一种具体体现，它认为只要企业管理人员有选择不同会计政策的自由，他们必定会选择使其效用最大化或者市场价值最大化的会计政策（Scott，1997）。而广义的盈余管理则是指“披露管理”，即企业管理人员为了获得私人利益而有意地对公开信息进行的控制行为（Schipper，1989）。另一个有代表性的广义盈余管理的定义则认为盈余管理是管理层人员通过构造交易和运用会计中的主观判断事项对会计报告进行修饰，从而误导一些相关利益者对公司业绩的判断，或者影响那些有赖于会计数据的合同的执行结果（Healy and Palepu，1990）。

在早先的很多文献中，应计盈余管理的概念与盈余管理的概念几乎是等同的，都是基于会计视角或是财务报告时间，对应计盈余管理进行解释与定义。所以，应计盈余管理也可以被定义为，管理层为了误导其他会计信息使用者对经营业绩的理解，或影响那些基于会计数据的契约的结果，在编报财务报告和构造交易事项时做出判断和会计选择的过程。

1.5.2 真实盈余管理

真实盈余管理是近年来才被提出的概念，也是与传统的应计盈余管理不同的概念。

真实盈余管理可以被定义为公司管理层采取的偏离正常经营活动的行为，目的是使至少部分利益相关者相信公司在正常的生产经营活动过程中已经实现了财务报告目标（Roychowdhury，2006）；也可以被定义为管理层为了影响会计系统的输出结果而采取的改变企业经营、投资或融资交易的时间或规划安排的行为（Gunny，2010）。

2 理论基础与文献综述

盈余管理是企业管理层为了获得更好的账面价值，而针对会计报表或真实经营活动的一种控制行为。然而，管理层之所以需要更好的账面价值，其中一个重要原因就是为了获得大股东的信任，从而降低大股东对其的约束与监管。在这种背景下，盈余管理行为就与公司治理体系，尤其是公司治理体系中的管理层与股东关系紧密联系在一起，因此，代理成本理论就成为研究盈余管理问题的重要理论之一。然而，近年来随着对进行盈余管理的主体，即公司管理层个人特性关注的逐渐增加，行为金融学理论也逐渐被引入盈余管理的研究中，很多文献发现管理层进行盈余管理的重要因素源于其个人行为，所以，行为金融学理论同样是研究盈余管理的重要理论支撑。另外，随着近年来真实盈余管理越来越被广泛关注，以及实务界很多上市公司在《萨班斯-奥克斯利法案》出台后倾向于使用真实盈余管理，真实盈余管理的相关文献数量也在增加。因此，作为全书研究的理论基础，本章首先将对代理成本理论与行为金融学理论进行分析，以构建本书的理论框架，而后对真实盈余管理涉及的相关文献进行评述，从而为后文的理论研究及实证研究提供理论依据。

2.1 理论基础

2.1.1 委托代理理论

人类历史的发展与生产关系及生产方式的变革是分不开的。在原始社会，由于自给自足的生产方式已经可以满足人们的基本生活需求，人与人之间在生产方式层面是彼此孤立的，人们并不需要进行相互协作的生产活动。而在奴隶社会与封建社会，随着人口的增加以及人们对于物质生活要求的提升，人与人之间出现了交换，进而出现了货币，于是人类历史开始进入商业时代。无论是奴隶社会中对于奴隶的交换，还是封建社会中逐渐出现的与现代社会相类似的基础货币买卖形式，都代表人类历史的进步。在这一过程中，随着生产技术的提升，人们在逐步地探索生产方式的变化。到了资本主义社会，个人生产逐渐转变为联合的生产模式。于是，随着工业革命等技术创新对资本主义社会的影响，为了达到规模效应以及降低交易成本，“企业”的生产模式开始出现，从而取代了传统的手工作坊等个人或家庭式生产模式。

随着企业的出现，人们逐渐发现在生产的过程中，能够对生产产生较为重要影响的生产要素体现为四种，即资本、劳动力、土地与企业家才能，而之后人们又认为资本与劳动力是在当时更能够产生作用的两种生产要素。这表明，随着生产技术的进步与生产方式的变革，掌握资本的人就不再需要自己动手进行生产或经营，而是完全可以利用资本而获得相应的收益。于是，企业的模式也逐渐开始发生变化，股份制的企业模式开始出现。于是在这种模式下，企业的所有者可以不负责企业的经营，甚至可以完全不懂经营，只需要掌握企业的股份；而企业的管理者可以不是企业的主人，只需要负责经营与管理；还有一部分人既不拥有企业，也不经营企业，只为企业提供相应的资金。这三种人分别是企业的所有者、管理者和资本提供者。而这就是在现代公司制度之前的古典资本主义企业的基本形式（Chandler，1997），这种形式虽然与现代企业制度以及现代公司治理制度存在一定的相似之处，但也存在一些问题。与现代企业制度相比，古典资本主义经营模式中的管理者与所有者的重合率较高，很多拥有企业的人并没有管理企业的能力，而具有管理企业能力的人却没有企业的支配权。同时，古典主义企业中往往并不倾向于多个资本提供者的共同存在，从而使得企业很难获更多资金（Chandler，1990）。于是，现代企业制度与现代公司治理体制就逐渐走向前台。

在现代企业制度下，外部投资者的数量逐渐增加，提供给企业的资本占比增加；企业所有者所提供的资本只占相对比例的优势，而并非绝对比例的优势；企业家甚至不提供任何的资本，而变成单纯的“职业经理人”。在这种情况下，就建立了现代的公司治理体系。现代公司治理的研究源于 Berle 和

Means（1932），他们指出在现代企业中，企业的所有权不再集中于某一个人，而是分散地落在多个所有者手中，从而使得企业的管理权或者说控制权不会落在某一个所有者手中，只可能集中到单纯的管理者手中，这就是现代公司治理体制中最初的“股权分散”与“二元分离结构”。他们还发现，由于现实中很多上市公司的确存在股权分散的状况，使得公司的所有权与管理权并没有掌握在同一个人手中，而拥有管理权的管理者，往往没有将自身的利益与股东的利益一致化，于是就可能造成管理者与股东之间存在矛盾。从图 2-1 中可知，当资本与企业家才能这两种生产要素不均衡时，若没有两种生产要素的合作，则仅右上方（即同时拥有资本和企业家才能）的人才可能拥有并经营企业，而左上方（仅拥有企业家才能）和右下方（仅拥有资本）的人都没有条件达到最优；但如果两种生产要素相互合作，则右下方的资本所有者提供资金成立企业，而管理权则被左上方的管理者拥有，就形成了现代的二元分离结构的企业，此时双方的合作使得各自的效率都可以得到提升，完成了一个帕累托改进，企业总福利得到了提升。

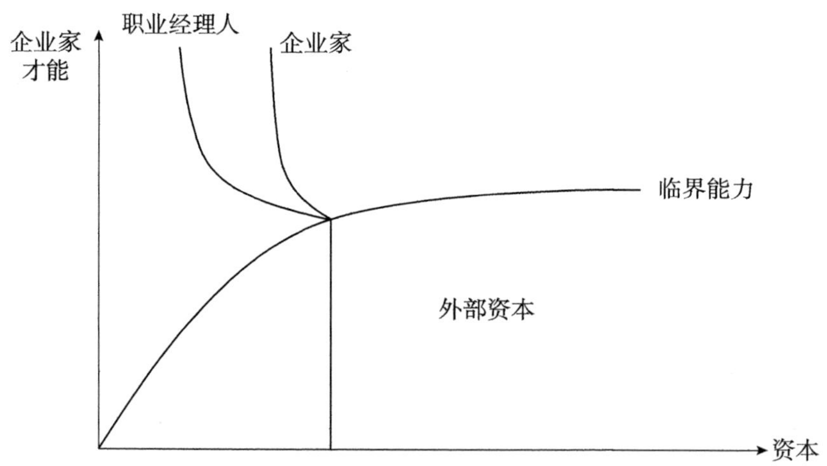

图 2-1　现代企业制度与现代公司治理体系

资料来源：万丛颖：《基于代理冲突视角的股权治理效应研究》，博士学位论文，东北财经大学，2009。

然而，Berle 和 Means（1932）提出了在现代企业中，存在所有权与管理权的两权分离问题。Jensen 和 Meckling（1976）则针对所有权与管理权两权拥有者之间的利益冲突，首次提出了委托代理理论（Principal - Agent Theory）的概念。Jensen 和 Meckling 将委托代理的行为定义为“一种契约关系”，认为在这种关系存在的条件下，一个或多个公司股东（即委托人）聘用另外一个管理者（代理人）代他们履行某些义务，但在这一过程中，由于委托人与代理人之间的利益并不一致，双方均希望自身利益可以最大化，于是就出现了代理成本，即代理人会为了谋求自身利益最大化而在一定程度上牺牲委托人的利益。虽然委托人可以通过设定一些相应的措施监管代理人，从而减少代理人谋求自身利益最大化的行为，但这同样需要成本。因此，在现代企业中，代理成本是一直存在的。而降低代理成本，则是现代公司治理体系中最重要的问题之一。Jensen 和 Meckling（1976）提出的是最基本、最传统的委托代理理论，也可以称为“单委托代理理论”，其提出的基本假设包括委托人对企业的随机产出并不存在特别贡献、代理人的行为并不能够直接被委托人发现（杨林，2004）。同时，委托代理理论还认为代理人存在自利的行为，因此代理人会是典型的机会主义者（Eisenhardt，1988）。于是，通过什么样的方式降低代理成本，或者说通过什么样的方式降低管理层谋求私利的动机，就是在 Jensen 和 Meckling 之后，委托代理理论被研究最多的问题。Hotmstrom（1979）就指出，委托人应设计最优契约以降低管理层的道德风险，而这种最优契约中就需要包括对管理层足够的激励，例如提升管理层的薪酬水平。Hotmstrom 和 Milgrom（1988，1991）则进一步提出线性委托代理模型与多任务委托代理模型，将企业业绩表现作为衡量代理人表现的标准，也是决定代理人业绩水平的标准，参与约束与激励相容约束设定代理人的激励强度，以降低代理人的代理成本。而 Morck 等（1988）则直接指出，可以通过让管理层持有公司股份的形式，增加管理层自身利益与股东利益的联系，从而控制管理层刻意追求个人利益的行为，进而使管理层与股东间的利益冲突与代理成本能够随着管理层持股比例的增加而下降。

在 Jensen 和 Meckling“单委托代理理论”的基础上，委托代理理论被逐渐放大，即委托人与代理人不仅仅局限于股东与管理者，也就是说公司内部存在的代理冲突也不仅仅源于股东与管理者。Jensen 和 Meckling 的委托代理理论更多地存在于股权分散的企业中，但是并非所有的公司股权结构都是分散的，很多公司的股权结构是相对集中的（例如中国上市公司）。在这些公司中，就会存在大股东与小股东的差异，而大股东与小股东作为委托人对于代理人所能产生的作用就存在明显的差异。大股东作为利益受到更多影响的一方，其与代理人之间的冲突更为明显，而小股东则会更多表现出“搭便车”行为，这就是“双重委托代理理论”（冯根福，2004）。

因此，根据斯达德勒和卡斯特里罗（2004）的研究，在双重委托代理理论中，大股东与代理人之间的委托代理关系可以描述如下。

$$\underset{[e,\{w(x_i)_i\}=1,\cdots,n]}{\mathrm{Max}} \sum_{i=1}^{n} P_i(e)B(t(x_i - \omega(x_i)) + r) \tag{2.1}$$

$$s.t.\ \sum_{i=1}^{n} P^i(e)u(t\omega(x_i)) - C(e) \geqslant W \tag{2.2}$$

$$\arg\max_{e}\left\{\sum_{i=1}^{n} P^i(e)u(t\omega(x_i)) - C(e)\right\} \tag{2.3}$$

其中，公式（2.2）为代理人被约束的条件，即参与约束；公式（2.3）为代理人最大化目标函数的条件，即激励相容约束；公式（2.1）则为参与约束与激励相容约束下的委托人利益最大化条件。

同时，除大股东外的中小股东与代理人之间的委托代理关系则表现如下。

$$\underset{[e,\{w(r_i)\}=1,\cdots,n]}{Max} \sum_{i=1}^{n} P_i(e)B(r - W(r_i)) \tag{2.4}$$

$$s.t.\ \sum_{i=1}^{n} P^i(e)U(\omega_i(r_i)) - V(e) \geqslant W \tag{2.5}$$

$$\arg\max_{e}\left\{\sum_{i=1}^{n} P_i(e)U(\omega(r_i)) - V(e)\right\} \tag{2.6}$$

公式（2.4）为中小股东与代理人之间的参与约束，公式（2.5）为中小股东与代理人之间的激励相容约束，而公式（2.6）则为中小股东愿意对大股东提供的租金。与“单委托代理理论”相比，“双重委托代理理论”更好地描述了股权集中状况下的委托代理问题，尤其是在像中国上市公司这种股权更多集中在某几个大股东或是国家手中的情况下，双重委托代理理论就更加具有说服力。

在中国资本市场中，由于与欧美成熟资本市场有很多不同之处，还存在一些较为特殊的委托代理关系，如国有控股股东与非国有控股股东间的委托代理关系、国有控股股东与国有非控股股东间的委托代理关系、国有控股股东与中小股东间的委托代理关系、国有控股股东与地方政府官员间的委托代理关系（蔡宁和魏明海，2011）。

代理理论被广泛应用于公司治理与公司财务的研究中，包括现金股利（Rozeff，1982；Easterbrook，1984）、大股东减持（曹国华等，2013）、多元化经营（Lang and Stulz，1994）、CEO 更换（王福胜和王摄琰，2012）、独立董事（Fama and Jensen，1983；Johnson et al. ，1996）等多个问题。而由于盈余管理是管理层为了获得更好的表面利益而进行的一种非正常性行为，而且这种行为短期内虽然会带来公司利益的上升，但长期来看却是与股东利益相悖的，因此代理理论被广泛地应用于盈余管理的研究中。Warfield 等（1995）的研究就表明，管理层的持股行为与盈余管理之间表现为负相关关系，管理层的持股行为能够降低盈余管理程度以实现股东与管理层的协同效应，从而降低代理成本。Burgstahler 和 Dichev（1997）的研究也发现，为了迎合分析师的盈余预期，企业管理层存在通过盈余管理降低与股东代理成本的动机。而 Teoh 等（1998）的检验则发现，上市公司在 SEO 之前会进行相应的盈余管理，而在 SEO 之后由于前期的盈余管理行为使得公司业绩与股票收益下降，控股股东对中小股东的权益侵占就增加了上市公司的代理成本。同时，李延喜和董文辰（2009）基于委托代理理论的视角，研究了公司治理机制与盈余管理之间的关系，发现在高委托代理冲突的公司中，公司治理机制对盈余管理具有明显的制约作用；但在低委托代理冲突的公司中，却并不存在这种制约作用。宋承军和王永健（2015）的研究也表明，代理成本越高的上市公司的盈余管理程度越高，也就表明通过降低盈余管理的方式能够降低公司的代理成本。程小可等（2015）则以真实盈余管理为例，研究了 CEO 持股对上市公司代理冲突的缓解，发现 CEO 持股能够抑制真实盈余管理，即随着 CEO 持股比例的增加，真实盈余管理程度会下降，这表明投资者与管理层之间的冲突被缓解了。

2.1.2 行为金融学理论

委托代理理论属于传统金融理论，或者说是标准金融理论，是以理性人假设以及有效市场假说为前提发展起来的，是关于市场投资者在最优投资决策以及资本市场均衡条件下各种证券定价的相关理论体系。然而，随着金融市场中不断涌现出“异象”，例如股票溢价之谜、股利之谜等问题，传统金融理论已经无法解释所有的金融现状。尤其是在现实金融环境中，人民并非完全理性的，而且投资者之间也并非相互独立的，因而传统金融学中的相关理论就被质疑。于是在这种情况下，心理学、行为科学、认知科学等相关理论逐渐被引入金融学的研究中。

将行为理论应用到金融学或者说经济学中，最早可以追溯到 Keynes（1936）在对投资决策研究过程中对心理预期问题的重视，他基于心理预期理论提出了股票市场中的“选美竞赛”和基于投资者“动物精神”而产生的股票市场中的“乐车队效应”。也就是说，当整体经济状况较好而将股票市场向上拉升时，市场投资者会更为倾向价格的“乐车队”，从而进一步拉动股价的上升，推动股票市场的上涨，一直到股票市场上涨到一个不合理的位置以至于无法被基本的经济因素进行解释，股票市场就不会再上涨，开始下跌。在这一过程中，Keynes 认为股票市场价格之所以会上涨，甚至是一直在上涨，并非因为股票背后的实体经济的发展状况，而是因为市场投资者的心理预期是上涨的，以及更多市场投资者的看多倾向，也就是说股票市场上涨的真正动因是市场投资者的心理因素，这就与传统金融学中认为市场投资者是理性的这一假说是相悖的。Keynes 的这一解释最大的意义在于突破了传统金融学中的理性人假设，从市场投资者心理因素的视角对股票市场背离真实内在价值的原因进行了阐释，而且真实地描述了市场投资者在做出投资决策时的心理活动。

然而，行为金融学在 20 世纪 70 ~ 80 年代才被真正引入金融学的研究中。Tversky 和 Kahneman 的“Judgment under Uncertainty：Heuristics and Biases”（1974）、Kahneman 和 Tversky 的“Prospect Theory：An Analysis of Decision under Risk”（1979）这两篇文章，对于行为金融学的发展具有至关重要的推

动作用。而 DeBondt 和 Thaler 的“Does the Stock Market Overreact”（1985）更是基于认知偏差提供了股票价格预测的经验证据，从而揭开了行为金融学迅速发展的序幕。与传统金融学相比，行为金融学之所以能够被更多市场投资者及学术界认可，主要是因为传统金融学中存在一定的误差，对新出现的金融异象并不能够给予合理的解释，而行为金融学基于市场个体的解释则不断得到主流经济学领域的认可。同时更为重要的是，Tversky 和 Kahneman 提出的理论不断在后来的研究中得到发展，并且得到了广泛的认可。

Tversky 和 Kahneman（1974）提出的“前景理论”是行为金融学最先被认可的理论。前景理论中指出，相较于财富的绝对值，人们更加看重财务的变化程度，在面临盈利的情况下，人们倾向于规避风险，但面临类似的损失时，却更加喜好风险。于是，Tversky 和 Kahneman 将前景理论描述为一个决策模型，具有三个基本特征：大多数人在面临收益时会规避风险，在面临损失时是风险偏好的，而且相较于收益对损失更为敏感。简单地说，前景理论可以被归纳为“人们对损失和收益的敏感程度是不同的，遭受损失时的痛苦感要大大超过获得收益时的快乐感”。于是，在前景理论的推进下，更多的人开始关注行为金融学理论，从而使得行为金融学理论也逐渐被学术界认可。2001 年，美国经济学会（AEA）将该学会的最高奖——克拉克奖颁给马修·拉宾（Matthew Rabin）。2002 年的诺贝尔经济学奖被授予两位行为经济学的代表人物——美国普林斯顿大学的丹尼尔·卡尼曼（Daniel Kahneman）和乔治梅森大学的弗农·史密斯（Vernon Smith），以奖励他们在“把心理学研究和经济学研究有效地结合，从而解释了在不确定条件下如何决策”等方面的杰出贡献。至此，行为经济学作为经济学的一个新流派被主流经济学所认可。

随后，行为金融学逐渐被应用到公司财务与公司治理的各个方面，例如现金股利的迎合理论（Fama and French，2001；Baker and Wurgler，2004a，2004b）、管理层的过度自信问题（Bernardo and Welch，2001；Landier and Thesmar，2009）、信息披露（杨汉明等，2012）、股价崩盘（Chen et al.，2001；Brooks and Katsaris，2005）等多个问题。而从 Burgstahler 和 Dichev（1997）运用期望理论解释上市公司盈余管理行为，将盈余管理的动机归咎于管理层为了达到某个盈余预期值以来，行为金融学理论主要是在有限理性假说下通过前景理论与锚定效应两个方面对盈余管理展开的相应研究，而这几者对于盈余管理产生的作用如图2-2所示（兰艳泽和刘贞，2010）。

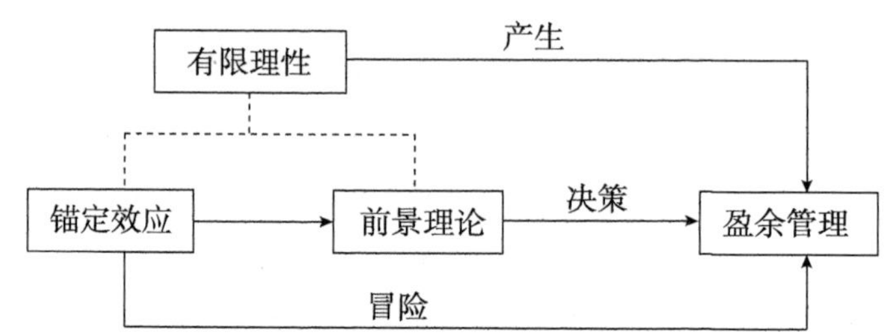

图2-2 行为金融学下的盈余管理形成过程

前景理论在盈余管理的研究过程中的运用，主要是在参照依赖、处置效应以及损失规避层面。在参照依赖层面，虽然存在严格的外部监管，但是上市公司会衡量受外部监管处罚与因业绩过差而退市之间的成本与收益，所以在面临退市压力时，上市公司会认为此时进行盈余管理受处罚的风险即使比较大，但较于退市而言依然是低的。在处置效应层面，上市公司进行盈余管理的价值为纯收益时会表现为风险厌恶，而在价值为净损失时则表现为风险偏好，所以在一些亏损程度较高的上市公司中通常会存在较大程度的盈余管理状况，上市公司会希望利用盈余管理“洗大澡”（曲晓辉和邱月华，2007），从而在风险与收益之间获得收益。在损失规避层面，即前期理论中所阐述的等量的损失要比等量的收益让人感受到更大的影响，解释了一些稍微亏损的企业存在明显的进行正向盈余管理的动机，即为了让市场投资者获得更多的正向反应。

Shen和Chih（2005）利用全球48个国家商业银行的数据检验了前景理论的适用性，发现前景理论能够解释商业银行操弄盈余的行为。林川和曹国华（2012）则利用中国商业银行的数据进行了检验，发现前景理论同样能够解释中国商业银行的盈余管理行为，在低于阈值时的盈余管理行为表现为对风险的喜好，而在高于阈值时则表现为对风险的规避。曾爱民等（2009）基于前景理论解释了中国一般行业上市公司追求和超越市场阈值与政策阈值而进行盈余管理的行为，发现前景理论能够解释中国资本市场的现实状况，能够解释不同阈值两侧管理层的风险态度以及盈余风险与盈余收益之间的权衡关系。曾妍琪和张婕（2015）同样基于前景理论对阈值处的盈余管理行为进行了研究，发现中国上市公司在阈值处存在明显的盈余管理现象，具体来说在阈值左侧表现为风险偏好，而在阈值右侧则表现为风险规避的行为。

锚定效应是指人们习惯于将某一件事情作为自身决策的参照依据，而并不关心这一事件到底与决策是否相关。在锚定效应理论的基础上，如果上市公司曾经有过相应的盈余管理经历，尤其是通过盈余管理获得了相应的收益，那么这就成为上市公司的参照点，无论在其后的决策过程中是正确还是错误，上市公司都会认为通过盈余管理这一方式能够再次获得相应的收益，从而跟风进行盈余管理的行为就一定会再次出现。

吴泽福等（2014）就认为盈余管理存在锚定效应，并且导致对盈余管理进行监管的外部审计同样存在锚定效应。

当然，除了前景理论与锚定效应外，行为金融学理论还被应用于对盈余管理的其他方面研究中。何威风等（2011）从管理者过度自信的视角研究了盈余管理的行为，发现管理者的过度自信行为会诱发上市公司的盈余管理。张利等（2015）同样从管理者过度自信的视角研究发现，管理者过度自信与上市公司盈余激进程度之间存在显著的正相关关系，表明管理者过度自信的心理特征对盈余管理产生了激进的效应。

2.2 文献综述

从 Schipper（1989）将真实盈余管理定义为“通过安排投资或筹资决策的时间从而改变报告盈余或盈余的某些子项目而达到目的”开始，到《萨班斯-奥克斯利法案》颁布之后外部监管环境的改变为真实盈余管理提供了更好的研究计划，再到 Graham 等（2005）发现即使真实盈余管理会降低公司价值，管理层依然会倾向操控真实盈余，这些为学术界研究真实盈余管理提供了良好的条件，也刺激了学术界的研究兴趣，从而催生了一系列关于真实盈余管理的研究成果（蔡春等，2011）。

2.2.1 真实盈余管理的动机

第一，对于上市公司而言，无论是通过哪种形式进行相应的盈余管理，重要的动机之一都是获得盈余的收益，即企业的盈利，无论这种盈利是表现在账面上的盈利还是企业的真正盈利，是短期内的盈利还是长期的盈利。Roychowdhury（2006）发现企业为了避免财务年度报告的亏损，会选择操弄相应的真实盈余。Lin 等（2006）也认为企业进行真实盈余管理的活动是为了满足市场分析师对于企业盈利水平的预测目标。Taylor 和 Xu（2010）的研究同样认为，企业的真实盈余管理具有满足分析师对企业预期盈余需要的动机。而张俊瑞等（2008）的经验证据则表明，“保盈”是中国上市公司选择真实盈余管理的重要动机。胡志磊和周思维（2012）也指出，中国上市公司管理层进行真实盈余管理的动机包括债务契约、薪酬契约和政治成本三方面，其中债务契约是指上市公司资产负债率越高，则操弄真实盈余的动机越强烈；薪酬契约指营业业绩越差，则操弄真实盈余的动机表现得越为强烈，这其实与“保盈”动机是一致的；而政治成本则是指企业规模越大，相应的操弄真实盈余的动机反而会越弱。

第二，由于传统的应计盈余管理等其他盈余管理方式被监管得越来越严格，无论这种监管源于内部还是外部，很多上市公司被迫或是自愿地转向操弄真实盈余管理，所以上市公司进行真实盈余管理的另外一个重要动机就是规避监管。更多研究也将关注点集中在这一方面。Cohen 等（2008）基于对比在《萨班斯-奥克斯利法案》颁布前后的监管状况以及 Zang（2012）基于管理层视角的研究均认为，当企业的会计弹性不足而且会受到严格的外部监管时，企业就会倾向于更多地使用真实盈余管理。Bruns 和 Merchant（1990）、Graham 等（2005）也均认为，相较于应计盈余管理，企业管理层会更青睐于真实盈余管理，这是因为应计盈余管理更容易引起各方监管的注意，而且在当前的环境下，应计盈余管理存在操弄的风险。Chi 等（2011）、Alhadab 等（2013）的研究同样均表明，高质量的外部审计会限制应计盈余管理，从而上市公司就不得不转向操弄真实盈余。Wongsunwai（2013）的研究则表明，虽然高质量风险资本同样会对真实盈余管理产生监管作用，但对应计盈余管理产生的监管作用更为明显。而范经华等（2013）则利用中国A股市场的经验证据表明，中国上市公司进行真实盈余管理的动机是规避高质量的内部控制与外部审计，而且内部控制与外部审计在抑制盈余管理方面存在互补关系，会同时抑制应计盈余管理与真实盈余管理。在单独针对外部审计所产生的监管方面，李江涛和何苦（2012）的实证检验表明，上市公司存在利用真实盈余管理逃避高质量审计监管的动机，而且这种动机在外部制度健全以及行业竞争激烈的企业中会表现得更为明显。而刘霞（2014）的研究结果则表明，高质量审计会限制客户进行应计盈余管理，从而企业会转而进行代价更高的真实盈余管理。张金若等（2015）也发现，会计师事务所的不同组织形式对真实盈余管理产生了抑制作用，尤其是合伙制的会计师事务所对真实盈余管理产生了更为明显的抑制作用。在单独针对内部控制所产生的监管方面，刘建伟和郑开焰（2014）的实证结果表明，内部控制缺陷的存在与真实盈余管理间有正向关系，存在内部控制缺陷的公司相较不存在内部控制缺陷的公司会表现出更高水平的真实盈余管理程度。在基于会计准则的监督方面，王静等（2013）对新会计制度在中国资本市场实施的背景进行研究发现，会计师事务所的监管行为能够显著地抑制真实盈余管理。李远慧和李晓（2018）也指出，内部控制审计进入强制阶段后，上市公司的真实盈余管理程度有所降低。吴勇等（2018）同样指出，内部控制存在缺陷的公司真实盈余管理程度更大，但我国自2012年起要求国内主板上市公司强制实施内部控制审计，这必将对企业内部控制质量提升及盈余管理行为产生重要影响。

第三，上市公司也会因为股份的增减而操弄真实盈余。Cohen和Zarowin（2010）指出上市公司进行真实盈余管理的动机在于股权再融资。刘启亮等（2011）也发现在中国资本市场与国际会计准则趋同后，企业会为了股票的增发动机而采取程度更大的真实盈余管理。曹国华和林川（2014）的研究表明，大非在减持过程中存在明显的真实盈余管理行为，大非能够通过对真实盈余的操弄在减持的过程中获得收益。

第四，基于公司治理的视角，股东之间的博弈、管理层之间的博弈等同样会引发上市公司的真实盈余管理。基于高管间利益的视角，唐伟杰和薛永江（2013）的经验证据表明，公司的CEO更迭以及CEO拥有越多的权力，则真实盈余管理程度越高。岑维和董娜琼（2015）的研究也发现，高管任期会对真实盈余管理产生明显的作用，也就是说高管会为自身私利而进行真实盈余管理。基于股东间利益的视角，冯红卿等（2013）就发现上市公司控制权转移的过程会伴随真实盈余管理行为。而杨松令等（2015）的研究发现，股东间关系会对真实盈余管理产生实质性影响，关系股东的数量越多，则真实盈余管理程度就越小。

第五，除上述之外，上市公司操弄真实盈余还有其他动机。例如，Edelstein 等（2008）认为上市公司进行真实盈余管理的原因在于减少税收性收入，从而满足自身的股利支付需要。谢柳芳等（2013）基于创业板市场的经验证据与退市制度视角的研究同样发现，创业板上市公司进行真实盈余管理是为了规避退市风险，在退市制度出台后，创业板上市公司的真实盈余管理程度显著增加。喻凯和伍辉念（2013）认为在不同生命周期的企业会有不同程度的真实盈余管理，成长期与衰退期企业主要利用真实盈余管理向上调节盈余，而成熟期企业主要向下调节盈余。

2.2.2 真实盈余管理的手段

应计盈余管理的手段通常是对财务报表进行调整，而真实盈余管理则主要是对企业的真实经营活动进行操弄，主要包括生产控制、费用操控与销售操控三个方面（李彬和张俊瑞，2008，2009a，2009b）。而在具体的操弄手段中，Graham 等（2005）发现管理层为满足盈利目标而进行的真实盈余管理活动，主要是通过削减可操纵支出或资本投资而实现的，也会利用股票回购的方式实现。Roychowdhury（2006）则指出企业会以异常降价或是削减研发支出的方式降低单位产品成本，从而进行真实盈余管理。Beatriz（2008）的研究认为，企业会通过削减期间费用的方式，如削减员工福利、培训支出等进行真实盈余管理。张俊瑞等（2008）也指出，上市公司真实盈余管理的方式是异常经营现金净流量、异常可操控费用和异常生产成本。许慧和林芳（2013）从中国资本市场的经验证据中发现，真实盈余管理会同时导致后期会计业绩与现金流业绩的“滑坡”，而且现金流业绩的“滑坡”期限要长于会计业绩期限，说明真实盈余管理对上市公司现金流的影响更为明显。Triki 等

(2013) 的研究同样发现，研发支出资本化被很多企业的管理层视为平滑盈余的一种重要方式。

2.2.3 真实盈余管理的经济后果

真实盈余管理所产生的经济后果，更多地表现为对企业长期业绩的影响。Gunny (2005) 的经验证据就表明，真实盈余管理对上市公司未来的业绩产生了负面的影响。Cohen 和 Zarowin (2010) 的研究证明股权再融资公司会进行程度更高的真实盈余管理，而且由真实盈余管理所形成的股权再融资后的绩效会更明显地下降。李彬和张俊瑞 (2008，2009a，2009b) 基于生产操控、费用操控、销售操控视角的研究发现，真实盈余管理是以牺牲公司未来经营能力为代价的。傅蕴英和姚莹 (2013) 也指出，具有短期盈利动机的微盈公司容易进行过度调增的真实盈余管理，这种激进行为必然会牺牲企业后期业绩。蔡春等 (2013) 发现当上市公司面临的法律保护水平较低、处于管制行业以及外部审计较强时，会选择真实盈余管理以提升股票发行价，但真实盈余管理会对公司的长期业绩产生较大影响。王福胜等 (2014) 则发现真实盈余管理对公司长期经营业绩会产生负面影响，而且其负面影响比应计盈余管理的更大。

当然，也有部分文献并不认为真实盈余管理会对公司产生不良的影响。例如 Gunny (2010)、Zhao 等 (2012) 就认为真实盈余管理会有利于企业未来业绩的提升，这是因为管理层会权衡真实盈余管理的成本与收益，且真实盈余管理达到盈余基准目标时会给资本市场上各个利益相关者传递公司前景看好的信号。而且 Taylor 和 Xu (2010) 的研究也认为，上市公司真实盈余管理的目的仅是满足分析师对预期盈余的需要，其实并没有对公司随后年度中的经营业绩产生明显的负面影响。

除了对公司业绩产生的不良影响外，真实盈余管理也会对上市公司的其他方面产生不良影响，例如股价崩盘、多元化、股东获利能力等。周爱民和遥远 (2018) 的研究就发现，真实盈余管理显著加剧了股价崩盘风险，而且持续期远远长于应计盈余管理。姚靠华等 (2015) 的研究也发现，真实盈余管理会在机构投资者对现金股利政策的影响中产生中介性作用，具体而言，真实盈余管理在大机构投资者持股、稳定型机构投资者以及独立型机构投资者持股对现金分红的正向影响中起到部分中介作用。而孙戈兵（2016）的实证检验结果表明，随着真实盈余管理程度的增加，多元化的折价增大，说明真实盈余管理带来了多元化的折价。李彬和张俊瑞（2010）的研究也表明，真实盈余管理会对股东未来获利能力和未来投资水平产生损害。

当然，作为一种盈余管理的方式，真实盈余管理同样会对市场投资者的信息产生影响，进而对上市公司的外部审计产生影响。Kim 和 Sohn（2009）发现，企业的权益成本会受到真实盈余管理的影响，而真实盈余管理的行为进一步加剧了外部投资者的信息不确定性。Kim 和 Sohn（2013）的研究表明，真实盈余管理会降低会计盈余质量，造成公司权益资本的上升。李彬等（2009，2011）的研究表明，会计弹性与真实盈余管理之间存在此消彼长的关系。罗琦和王悦歌（2015）以中国上市公司为分析样本进行的实证检验表明，真实盈余管理会使高成长性公司权益资本成本下降，而会使低成长性公司权益资本成本上升。李留闯和李彬（2015）同样发现，真实盈余管理程度越高，则审计师出具非标准审计意见的概率越大、审计收费越高。

2.2.4 真实盈余管理的治理模式

通常，外部审计，尤其是高质量的外部审计是抑制盈余管理的最佳途径，因此，较多文献基于外部审计视角，从外部审计所包含的不同内容中寻找能够抑制真实盈余管理的途径与模式。虽然很多上市公司进行真实盈余管理是为了规避外部审计对应计盈余管理的监管，但外部审计同样可以对真实盈余管理产生一定的抑制作用。Chi 等（2011）、Sohn（2011）的研究均发现，高质量的外部审计能够抑制上市公司的真实盈余管理。Greiner 等（2013）基于商业风险的视角也发现，外部审计能够及时地发现真实盈余管理。王静等（2013）指出，大规模的会计师事务所能够显著地抑制真实盈余管理。而范经华等（2013）指出，会计师事务所的行业专长是能够抑制真实盈余管理行为的。崔云和唐雪松（2015）的研究也表明，虽然真实盈余管理行为并不违反相关法律法规，但随着审计师对法律责任风险关注度的提升，被审计公司的真实盈余管理程度会显著降低。而管考磊（2016）基于审计师行业专长与审计任期视角的研究就发现，审计师的行业专长能够显著增强较长的审计师任期对于真实盈余管理的抑制作用。向锐和杨雅婷（2016）的研究也表明，审计委员会主任的教育程度和本地化可以显著抑制真实盈余管理。

除了外部审计，虽然很多上市公司进行真实盈余管理的动机是规避内部控制，但依然存在内部控制对真实盈余管理的治理作用。范经华等（2013）研究发现，内部控制会对真实盈余管理产生抑制作用，而且这种作用还会对外部审计产生作用，即内部控制越好，越有助于发挥审计师行业专长对真实盈余管理的治理作用。曹国华和骆连虎（2015）的经验证据表明，内部控制治理的提升能够有助于抑制真实盈余管理行为。徐虹等（2015）基于关系型交易的视角检验表明，高质量的内部控制有助于抑制供应商关系型交易诱发的真实盈余管理行为。

除此之外，良好的公司治理体系同样能够对真实盈余管理产生相应的抑制作用。季敏和金贞姬（2013）、徐爱勤和陈旭东（2015）的经验证据表明，董事会治理机制能够抑制真实盈余管理。童娜琼等（2015）的研究发现，聘用当地有财务背景的独立董事有助于抑制上市公司的真实盈余管理行为。

另外，缪毅和管悦（2014）的研究发现，机构投资者能够对真实盈余管理产生治理作用，压力抑制性的机构投资者能够抑制上市公司的真实盈余管理行为。而汪鹭萍（2014）的实证结果表明，媒体报道能够在一定程度上抑制上市公司的真实盈余管理行为。

2.2.5 真实盈余管理的测度方法

1. 应计盈余管理的测度方法

由于上市公司通常操弄盈余的方法包括会计造假、应计盈余管理与真实盈余管理，而会计造假属于违反会计准则的行为，因此并不会对其进行相应的计量，而是对应计盈余管理与真实盈余管理进行相应的计量测度。在应计盈余管理的测度模型中，最早的是由 Healy（1985）构建的计量不可操纵应计利润的模型，是通过比较不同样本的平均总应计利润进行的检验。其后 DeAngelo（1986）也设计了用相邻两个年度应计利润总额差值衡量的公式，但目前测度应计盈余管理最常用的方法是 Jones（1991）设计的测度不可操弄性应计利润模型，即琼斯模型。在琼斯模型中，盈余管理的计算公式如下。

$$DA_t = TA_t - NDA_t \tag{2.7}$$

在公式（2.7）的琼斯模型中，DA_t为第 t 期上市公司的操弄性应计利润，即应计盈余管理值，而 TA_t为第 t 期经上市公司资产总额处理后的应计利润总额，NDA_t则为上市公司第 t 期非操纵性应计利润，是无法直接从企业财务报表中得到的，而需要通过以下模型进行计算。

$$NDA_t = a_1\left(\frac{1}{A_{t-1}}\right) + a_2\left(\frac{\Delta REV_t}{A_{t-1}}\right) + a_3\left(\frac{PPE_t}{A_{t-1}}\right) \tag{2.8}$$

在公式（2.8）中，ΔREV_t 为第 t 期的主营业务收入变动额，PPE_t为第 t 期的固定资产总额，A_{t-1}为第 $t-1$ 期的资产总额，为了获得公式（2.8）中的系数 a 的数值，则进一步构建相应的计量模型如下。

$$TA_t = b_1\left(\frac{1}{A_{t-1}}\right) + b_2\left(\frac{\Delta REV_t}{A_{t-1}}\right) + b_3\left(\frac{PPE_t}{A_{t-1}}\right) + \varepsilon \tag{2.9}$$

琼斯模型更好地衡量了企业对应计盈余管理的操弄，因而广泛地被文献引用，但与此同时，部分学者也在 Jones 模型的基础上进行相应的修正，以使该模型能够更好地反映应计盈余管理的真实情况，也更适用于自身的研究。其中，最被认可的就是 Dechow 等（1998）的 Jones 修正模型，其认为在计量非操纵性应计利润时，应考虑主营业务收入中的应收账款变化，将应收账款的变化剔除，因而将前文的公式（2.8）修正如下。

$$NDA_t = a_1\left(\frac{1}{A_{t-1}}\right) + a_2\left(\frac{\Delta REV_t - \Delta REC_t}{A_{t-1}}\right) + a_3\left(\frac{PPE_t}{A_{t-1}}\right) \tag{2.10}$$

公式（2.10）中的 ΔREC_t 便是第 t 期的应收账款变动额。除了 Dechow 等的 Jones 修正模型之外，还有例如 Kang 和 Sivaramakrishnan（1995）的 K－S 模型、Dechow 等（2003）修正的前瞻性 Jones 模型、Kothari 等（2005）考虑到盈余误差而加入的资产收益率变动值、陈武朝和张泓（2004）在计量模型中加入的无形资产总额值等，这些修正的 Jones 模型解决了在测度应计盈余管理中的不同问题。

2. 避免盈余损失的测度方法

除了传统的应计盈余管理计量方法外，利用非常损益前后的税前净利润的次数进行比较，也是一种可以测度盈余管理程度的方法。Burgstahler 和

Dichev（1997）在提出这一方法时，依据企业税前净利润的高低分成不同的数值区间，再构建相应的盈余管理 Z 检验值，以判断是否具有跨越零门槛的盈余管理现象，其中 Z 检验值的计算公式如下。

$$Z_i = \frac{AQ_i - EQ_i}{SD_i} \tag{2.11}$$

在公式（2.11）中，AQ 为第 i 区间的实际样本数量，EQ 则为第 i 区间的预期样本数量，即 $EQ_i = (AQ_{i-1} + AQ_{i+1})/2$。而 SD 为第 i 区间的实际企业数量的估计标准差，即 $SD_i = [Np_i(1-p_i) + (1/4)N(p_{i-1}+p_{i+1})(1-p_{i-1}-p_{i+1})]^{\frac{1}{2}}$。通过公式（2.11）得到的计算结果，$Z$ 值为正且越大时，则表明企业越希望避免小额的负盈余行为，即企业的盈余管理程度更为显著。

与 Burgstahler 和 Dichev 的思想相似，Degeorge 等（1999）设计了 t－like 检定方法中的以标准化求得的 τ 检验值，具体计算公式如下。

$$\tau_i = \frac{\Delta p_i - MEAN(\Delta p_{-i})}{S.D.(\Delta p_{-i})} \tag{2.12}$$

公式（2.12）中，p 为第 i 区间的实际样本比例，而 $MEAN(\Delta p_{-i})$ 为 $-i$ 区间的样本数量比率差的平均值，即 $MEAN(\Delta p_{-i}) = (\sum_{k=-5;k\neq 0}^{5} \Delta p_{i+k})$，而 $S.D.(\Delta p_{-i})$ 为 $-i$ 组区间样本比率差的标准差。与 Z 值相似，τ 值同样为数值为正且越大时，则企业越希望避免小额负盈余，即盈余管理程度越显著。

避免盈余损失的测度方法更多地被使用在测度商业银行盈余管理程度的研究中（Leuz et al.，2003；Chih et al.，2007；艾林和曹国华，2013；林川和曹国华，2014），这是因为商业银行的财务状况，尤其是负债状况等与普通企业间存在明显差异，Jones 模型及 Jones 修正模型并不适用于商业银行的盈余管理计量，而避免盈余损失的测度方法则避免了这一问题，就更好地被使用在商业银行盈余管理的计量中。

3. 真实盈余管理的测度方法

因为真实盈余管理的方法与对象与应计盈余管理之间存在明显差异，其目的是误导利益相关者相信企业在正常的经营活动中已经实现了预期财务目标，而且真实盈余管理操弄的是企业的真实经营活动，而非简单的财务报告中的项目，所以真实盈余管理的测度有其独特的方法。

以往关于真实盈余管理程度的测度大多是零散的，包括分别从资产销售（Bartov，1993）、资产冲销（Elliott and Hanna，1996）、降低研发支出（Bange and Bondt，1998）等层面测度上市公司的真实盈余管理行为。而综合测度真实盈余管理程度的代表性文献则是由 Roychowdhury（2006）在 Dechow 等（1998）的基础上形成的。

Roychowdhury 认为，正常的经营活动现金流量是当前销售收入与销售收入差额的线性函数，从而构建分行业与分年度估计的横截面回归模型估计异常现金流量。

$$\frac{CFO_t}{A_{t-1}} = a_0 + a_1\left(\frac{1}{A_{t-1}}\right) + \beta_1\left(\frac{S_t}{A_{t-1}}\right) + \beta_2\left(\frac{\Delta S_t}{A_{t-1}}\right) + \varepsilon_t \tag{2.13}$$

在公式（2.13）中，A_t为 t 期末的资产总额，S_t为 t 期的销售额，而$\Delta S_t = S_t - S_{t-1}$。在每个样本年度中，异常的经营活动现金流等于真实的经营活动现金流减去正常的经营活动现金流，而正常的经营活动现金流的计算则为公式（2.13）估计出系数值后再代入计算。

为了测算企业在生产层面对真实盈余管理的操弄，Roychowdhury 测算正常销售成本的计量公式如下。

$$\frac{COGS_t}{A_{t-1}} = a_0 + a_1\left(\frac{1}{A_{t-1}}\right) + \beta\left(\frac{S_t}{A_{t-1}}\right) + \varepsilon_t \tag{2.14}$$

测算正常的存货增长模型如下。

$$\frac{\Delta INV_t}{A_{t-1}} = a_0 + a_1\left(\frac{1}{A_{t-1}}\right) + \beta_1\left(\frac{S_t}{A_{t-1}}\right) + \beta_2\left(\frac{\Delta S_{t-1}}{A_{t-1}}\right) + \varepsilon_t \tag{2.15}$$

定义生产成本为：$PROD_t = COGS_t + \Delta INV_t$，即公式（2.14）与公式（2.15）；利用公式（2.16）分年度、分行业进行估计正常的生产成本如下。

$$\frac{PROD_t}{A_{t-1}} = a_0 + a_1\left(\frac{1}{A_{t-1}}\right) + \beta_1\left(\frac{S_t}{A_{t-1}}\right) + \beta_2\left(\frac{\Delta S_t}{A_{t-1}}\right) + \beta_3\left(\frac{\Delta S_{t-1}}{A_{t-1}}\right) + \varepsilon_t \tag{2.16}$$

Roychowdhury 在简化 Dechow 等假设的基础上，认为费用操控同样可以利用计量模型予以计算，与销售成本相似，相关模型如下。

$$\frac{DISEXP_t}{A_{t-1}} = a_0 + a_1\left(\frac{1}{A_{t-1}}\right) + \beta\left(\frac{S_t}{A_{t-1}}\right) + \varepsilon_t \tag{2.17}$$

Roychowdhury 认为这就导致了一个问题：如果管理层在任意一年中提升

报告盈余，则回归模型中的残差会表现得异常低，即使他们并没有降低经营费用。为避免这一问题，在费用操控的计量中就需要考虑一个销售的滞后项，因此，为了估计费用操控，Roychowdhury 将相应的计量模型修正如下。

$$\frac{DISEXP_t}{A_{t-1}} = a_0 + a_1\left(\frac{1}{A_{t-1}}\right) + \beta\left(\frac{S_{t-1}}{A_{t-1}}\right) + \varepsilon_t \tag{2.18}$$

Roychowdhury 的真实盈余管理测度模型的最大优点在于从不同的视角单独地估计出真实盈余管理的程度，但也存在一定的缺陷，如没有考虑产量提升、延迟信贷期限及减小期间费用等因素。然而，Roychowdhury 的真实盈余管理测度模型，依然是被最为广泛应用的。

在对真实盈余管理（*RM*）测度模型的应用上，部分文献是基于销售操控（*ACFO*）、费用操控（*AEXP*）或生产操控（*APROD*）的某一个方面进行的测度，这种应用方法有利于衡量某一个方面的真实盈余操弄程度，却忽视了真实盈余管理的整体性，因此，近年来的相关文献倾向于在分别测度销售操控、费用操控与生产操控后，构建真实盈余的综合指标。然而，关于真实盈余管理的综合指标，不同文献却给出了不同的方法。李彬等（2009a）借鉴 Cohen 等（2008）的处理方法，考虑企业可能存在混合使用销售操控、费用操控和生产操控方式管理盈余，从而运用异常值之后衡量真实盈余管理，即 $RM = ACFO + AEXP + APROD$。罗琦和王悦歌（2015）同样认为企业可能同时进行三种方式的真实盈余管理，因而借鉴 Kim 和 Sohn（2013）、王亮亮（2013）等的研究，选取三种操控方式绝对值的均值进行衡量，公式为 $|RM| = (|ACFO| + |AEXP| + |APROD|)/3$。而刘启亮等（2011）、姚靠华等（2015）提供的计算公式则为 $RM = APROD - ACFO - AEXP$。

2.2.6 真实盈余管理与应计盈余管理

从真实盈余管理被实务界与学术界关注开始，真实盈余管理与应计盈余管理之间的关系，就是一个一直被关注的问题。然而，关于真实盈余管理到底对应计盈余管理产生了什么样的影响，却并没有得到一致的结论，有的文献认为两种盈余管理方式之间存在相互替代的关系，即由于某些原因导致上市公司会放弃应计盈余管理，而使用真实盈余管理。例如，Barton 和 Simko

(2002) 认为上市公司会在操弄应计盈余时选择灵活的行为，比如通过前期经营活动与收益操纵的行为限制本期的应计盈余管理行为；Liu 和 Ryan (2006) 基于审计监督的视角发现，高质量的审计行为会降低企业操弄应计盈余的程度，企业只能转为操弄真实盈余，以降低被外界发现盈余管理而产生的不良影响，因此应计盈余管理与真实盈余管理之间会存在相互替代作用；Cohen 等 (2008) 则发现，在《萨班斯-奥克斯利法案》实施之后，美国上市公司的盈余管理方式从应计盈余管理转换为更为隐蔽的真实盈余管理，即应计盈余管理与真实盈余管理之间存在替代效应；而 Chi 等 (2011) 基于外部审计师的视角发现，当上市公司的审计质量较高时，其采用应计盈余管理就较为困难，从而就会用真实盈余管理进行替代；Zang (2012) 也认为真实盈余管理与应计盈余管理间存在相关替代的关系，尤其是当上市公司的真实盈余管理低于预期时，就会选择利用高应计盈余的方式实现其目标；高媛媛 (2015) 同样基于审计质量的视角研究认为，从中国上市公司的经验证据中发现，高质量的审计行为与应计盈余管理之间呈现出负相关关系，但却与真实盈余管理之间呈现正相关关系，这表明真实盈余管理对应计盈余管理产生了相应的替代效应；王敏 (2015) 提供的中国上市公司经验证据同样表明，应计盈余管理和真实盈余管理间会存在连续和相关替代的关系，而且上市公司的管理层可以利用这二者之间的关系达到收益平滑的目的。

然而，也有的文献认为两种盈余管理之间存在互补的关系，即上市公司在增加应计盈余管理的同时，也会增加真实盈余管理。例如，Matsuura (2008)、Hashemi 和 Rabiee (2011) 均基于收益平滑视角，分别通过美国上市公司与伊朗上市公司公告数据的实证检验发现，真实盈余管理与应计盈余管理之间存在互补关系，而且企业会在应计盈余管理之前先操弄真实盈余；刘启亮等 (2011) 发现虽然中国的法律环境得到了提升，但上市公司的应计盈余管理程度并没有被抑制，反而更为激进；林芳和冯丽丽 (2012) 发现从管理层权力的视角来看，两种盈余管理之间存在相互补充的关系，而且国有上市公司的管理层更青睐真实盈余管理；王良成 (2014) 也认为在中国资本市场中，由于法律基础、投资者保护以及会计制度与国外资本市场之间存在差异，应计盈余管理与真实盈余管理之间存在的是同高同低的互补关系；而周晓苏和陈沉（2016）基于生命周期视角探析两种盈余管理间关系时发现，两种盈余管理之间存在互补的关系，而且在不同生命周期时会表现出不同的相关关系，即与成熟期企业相比，成长期企业和衰退期企业的两种盈余管理之间的互补性更大。

2.2.7 文献评述

与应计盈余管理相比，真实盈余管理在实务界被越来越多的企业使用，而且学术界也越来越关注真实盈余管理。从真实盈余管理研究来看，一方面，很多文献关注上市公司操弄真实盈余的目的与动机，希望发现上市公司为什么要进行真实盈余，而得到的结论更多认为真实盈余管理的动机主要有两个，即“保盈”与“规避”，也就是保证企业的盈利（无论是真实盈利还是账面盈利），以及规避各种监管；另一方面，很多对真实盈余管理的研究延续了对应计盈余管理的研究，例如基于管理层、独立董事等对真实盈余管理的研究，真实盈余管理与上市公司经营决策等的研究。

然而，从已有文献得到的结论来看，真实盈余管理与应计盈余管理有很多相似之处，例如都会对企业的长期业绩产生危害。而部分文献在研究真实盈余管理动机时指出，《萨班斯-奥克斯利法案》的推出，使得很多上市公司为了规避外部监管，尤其是外部审计，而放弃应计盈余管理，选择真实盈余管理。但是，很多已有文献的研究结论都发现，良好的外部审计是能够对真实盈余管理产生制约作用的。那么，上市公司进行真实盈余管理的动机到底是什么，到底能够通过真实盈余管理获得什么，为什么要用真实盈余管理替代应计盈余管理，就给我们留下了很大的研究空间。

3 真实盈余管理的测度方法

根据已有文献中对真实盈余管理测度方法的不同比较，本章将借鉴并修正已有文献的统计方法，利用中国资本市场数据进行测度，同时本章也将对中国上市公司的真实盈余管理程度进行统计分析。

3.1 真实盈余管理的测度方法选择

3.1.1 测度方法选择

真实盈余管理最早由 Schipper（1989）提出，是指通过改变企业投资或筹资决策的安排，从而达到盈余管理目的。目前更多文献对于真实盈余管理的测度是基于 Roychowdhury（2006）针对操弄经营现金流量的销售操控、操弄酌量性费用的费用操控以及操弄制造成本的生产操控而建立的实际偏离预期的真实盈余管理模型。

李彬等（2009）指出，Roychowdhury 参考了 Dechow 等（1998）关于盈余管理与现金流量关系的销售操控模型，但却未考虑固定成本在销售操控中对计量结果所产生的影响。因此，李彬等根据上市公司的现金流量表的结构，考虑经营活动现金流量产生流程的基础，修正了销售操控的计量模型。

综合已有文献，目前针对中国上市公司真实盈余管理的测度，大都基于 Roychowdhury 模型，并在 Roychowdhury 模型基础上，根据自身研究需要进行相应的修正。因此，本书主要参考该模型，并考虑李彬等针对中国上市公司现实情况进行的相应修正，同时结合中国上市公司新会计制度准则的会计指标变化，构建了本书的真实盈余管理测度方法。

与已有文献相似，本书将中国上市公司真实盈余管理分为三部分，即销售操控部分、费用操控部分以及生产操控部分。

$$RM_{i,t} = ACFO_{i,t} + AEXP_{i,t} + APROD_{i,t} \tag{3.1}$$

在公式（3.1）中，$ACFO_{i,t}$为样本中 i 上市公司在 t 年度的销售操控部分，$AEXP_{i,t}$为样本中 i 上市公司在 t 年度的费用操控部分，$APROD_{i,t}$为样本中 i 上市公司在 t 年度的生产操控部分。这三部分均并不能够直接从上市公司定期财务报告中获得，从而分别设计三部分操控的计算公式如下。

$$ACFO_{i,t} = \frac{CFO_{i,t}}{A_{i,t-1}} - \left(a_1 \frac{S_{i,t}}{A_{i,t-1}} + a_2 \frac{\Delta S_{i,t}}{A_{i,t-1}} + a_3 \frac{\Delta S_{i,t-1}}{A_{i,t-1}} + a_4 \frac{TC_{i,t}}{A_{i,t-1}} + a_5 \frac{EC_{i,t}}{A_{i,t-1}} + a_6 \frac{OC_{i,t}}{A_{i,t-1}} + a_7 \frac{1}{A_{i,t-1}} + C\right) \tag{3.2}$$

$$AEXP_{i,t} = \frac{DISEXP_{i,t}}{A_{i,t-1}} - \left(b_1 \frac{S_{i,t-1}}{A_{i,t-1}} + b_2 \frac{1}{A_{i,t-1}} + C\right) \tag{3.3}$$

$$APROD_{i,t} = \frac{PROD_{i,t}}{A_{i,t-1}} - \left(d_1 \frac{S_{i,t}}{A_{i,t-1}} + d_2 \frac{\Delta S_{i,t}}{A_{i,t-1}} + d_3 \frac{\Delta S_{i,t-1}}{A_{i,t-1}} + d_4 \frac{1}{A_{i,t-1}} + C\right) \tag{3.4}$$

在公式（3.2）中，$CFO_{i,t}$为 i 上市公司在 t 年度的经营活动现金净流量；$S_{i,t}$为 i 上市公司在 t 年度的营业收入；$\Delta S_{i,t}$为 i 上市公司在 t 年度与 $t-1$ 年度的营业收入变动值；$\Delta S_{i,t-1}$为 i 上市公司在 $t-1$ 年度与 $t-2$ 年度的营业收入变动值；$TC_{i,t}$为 i 上市公司在 t 年度支付的各项税费净额度；$EC_{i,t}$为 i 上市公司在 t 年度支付给职工以及为职工支付的现金额度；$OC_{i,t}$为 i 上市公司在 t 年度支付的其他与经营活动相关的现金额度；$A_{i,t-1}$为 i 上市公司在 $t-1$ 年度的资本总额，将对以上各项进行平滑，其目的是区分不同资本规模上市公司在进行销售操控时的差异；C 为对模型进行调整的常数项；a 为计算销售操控的待估系数。

在公式（3.3）中，$DISEXP_{i,t}$为 i 上市公司在 t 年度的营业成本与管理费用之和；$S_{i,t-1}$为 i 上市公司在 $t-1$ 年度的营业收入；$A_{i,t-1}$为 i 上市公司在 $t-1$ 年度的资本总额，将对计算公式中的各项进行平滑，其目的是区分不同资本规模上市公司在进行费用操控时的差异；b 为计算费用操控的待估系数；其他与公式（3.2）相同。

在公式（3.4）中，$PROD_{i,t}$为 i 上市公司在 t 年度的销售费用与存货变化之和；$A_{i,t-1}$为 i 上市公司在 $t-1$ 年度的资本总额，将对计算公式中的各项进行平滑，其目的是区分不同资本规模上市公司在进行生产操控时的差异；d 为计算生产操控的待估系数；其他与公式（3.2）相同。

为求得待估系数 a、b、d，需另外构建相应的回归模型，而在求解方法中，有的文献利用整体样本回归，有的文献利用分年度样本回归，有的文献利用分行业样本回归。2012 年中国证券监督管理委员会（简称证监会）修订了《上市公司行业分类指引》，扩大了行业分类数量，从而导致部分行业的上市公司在一个年度内的数量非常小（小于 30，从而会导致统计回归不稳定）。因此，本书利用分年度回归的方法求解待估系数，具体回归方程如下。

$$\frac{CFO_{i,t}}{A_{i,t-1}} = \left(a_1 \frac{S_{i,t}}{A_{i,t-1}} + a_2 \frac{\Delta S_{i,t}}{A_{i,t-1}} + a_3 \frac{\Delta S_{i,t-1}}{A_{i,t-1}} + a_4 \frac{TC_{i,t}}{A_{i,t-1}} + a_5 \frac{EC_{i,t}}{A_{i,t-1}} + a_6 \frac{OC_{i,t}}{A_{i,t-1}} + a_7 \frac{1}{A_{i,t-1}} + C + \varepsilon\right) \tag{3.5}$$

$$\frac{DISEXP_{i,t}}{A_{i,t-1}} = \left(b_1 \frac{S_{i,t-1}}{A_{i,t-1}} + b_2 \frac{1}{A_{i,t-1}} + C + \varepsilon\right) \tag{3.6}$$

$$\frac{PROD_{i,t}}{A_{i,t-1}} = \left(d_1 \frac{S_{i,t}}{A_{i,t-1}} + d_2 \frac{\Delta S_{i,t}}{A_{i,t-1}} + d_3 \frac{\Delta S_{i,t-1}}{A_{i,t-1}} + d_4 \frac{1}{A_{i,t-1}} + C + \varepsilon\right) \tag{3.7}$$

通过公式（3.5）、公式（3.6）、公式（3.7）回归求得的 a、b、d 值，就是公式（3.2）、公式（3.3）、公式（3.4）的待估系数 a、b、d 值。另外，Warfield 等（1995）、Francis 等（1999）在计算应计盈余管理时均认为，上市公司管理层会根据个人意愿，通过盈余管理的方式将账面利润缩小或是增大，也就是说上市公司的盈余管理可能会根据管理层的自身意愿，表现出向上或是向下的操纵，因此利用绝对值的形式，可以更好地衡量上市公司的盈余管理程度。虽然 Warfield 等、Francis 等衡量的是应计盈余管理，但本书认为在真实盈余管理中，同样存在上市公司向上或向下操弄真实盈余，因此，本书同样以绝对值的形式衡量上市公司的真实盈余管理程度，即 $|RM|$。

与已有国内外其他文献衡量真实盈余管理程度的方法相比，本书的不同之处如下。

（1）本书考虑上市公司对销售操控、费用操控以及生产操控三方面操弄的综合程度，以加总方式求得上市公司真实盈余管理的综合值。

（2）本书考虑上市公司在对真实盈余操弄中的不同方向，以绝对值的形式衡量操弄真实盈余的程度。

（3）本书加入真实盈余管理计算公式中的常数调整项。

3.1.2 样本数据选择

2007 年，新会计制度准则在中国资本市场中全面实施，而且股权分置改革也在同年完成，这都对中国资本市场产生了重要影响。因此，为了统一样本指标的数据标准，本书选择 2007—2017 年沪深 A 股上市公司为原始样本，并进行相应地剔除，具体剔除原则为：①由于金融、保险、证券行业上市公司的经营特征与普通上市公司存在差异，剔除金融、保险、证券行业上市公司样本；②由于特殊处理上市公司的财务状况存在差异，剔除 ST 类上市公司样本；③由于真实盈余管理指标计算中涉及样本公司前两年的数据，剔除 IPO 公司及上市一年的上市公司样本；④由于在 B 股市场、H 股市场上市的公司面临的外部监管环境不同，剔除同时在非 A 股市场上市的 AB、AH、ABH 股上市公司样本；⑤由于创业板上市公司与主板上市公司存在明显的风险差异，剔除创业板上市公司样本；⑥剔除缺失数据且无法通过定期报告补充的上市公司样本。

最终，本书得到 2007—2017 年沪深 A 股上市公司样本 16850 个，其中包括 2007 年 1026 个样本、2008 年 1097 个样本、2009 年 1194 个样本、2010 年 1250 个样本、2011 年 1320 个样本、2012 年 1584 个样本、2013 年 1766 个样本、2014 年 1849 个样本、2015 年 1839 个样本、2016 年 1898 个样本、2017 年 2027 个样本。[①] 具体各年度的样本行业分布描述表现如表 3 - 1 所示。

---

① 本书主要数据来源分别包括锐思金融数据库、国泰君安数据库及色诺芬经济金融数据库。

表 3－1　样本上市公司行业分布

行业 项目 年份	2007	2008	2009	2010	2011	2012	2013	2014	2015	2016	2017	合计	比例（%）
农、林、牧、渔业（A）	18	21	22	23	23	28	30	30	32	33	36	296	1.76
采矿业（B）	28	33	38	41	42	45	51	53	52	50	50	483	2.87
制造业（C）	563	605	663	705	744	936	1065	1125	1118	1166	1256	9946	59.03
电力、热力、燃气及水生产和供应业（D）	68	67	65	66	69	74	80	82	80	85	88	824	4.89
建筑业（E）	26	30	36	33	38	45	52	55	57	59	64	495	2.94
批发和零售业（F）	99	101	103	106	105	115	123	125	124	123	130	1254	7.44
交通运输、仓储和邮政业（G）	43	47	47	48	49	57	57	60	61	62	65	596	3.54
住宿和餐饮业（H）	5	5	7	7	8	8	7	7	6	7	6	73	0.43
信息传输、软件和信息技术服务业（I）	35	39	47	50	57	71	84	92	92	91	93	751	4.46
房地产业（K）	76	80	86	94	104	106	110	110	108	106	108	1088	6.46
租赁和商务服务业（L）	13	13	18	18	21	23	25	23	25	27	32	238	1.41
科学研究和技术服务业（M）	1	2	4	4	5	8	8	8	8	12	15	75	0.45
水利、环境和公共设施管理业（N）	11	13	14	14	14	16	18	19	18	20	22	179	1.06
教育业（P）	2	2	2	2	2	2	2	2	2	2	1	21	0.12
卫生和社会工作（Q）	3	4	5	5	4	5	5	5	5	4	5	50	0.30
文化、体育和娱乐业（R）	13	14	15	13	15	24	27	29	27	29	32	238	1.41
综合（S）	22	21	22	21	20	21	22	24	24	22	24	243	1.44
合计	1026	1097	1194	1250	1320	1584	1766	1849	1839	1898	2027	16850	100

注：行业分类标准为证监会 2012 年修订的《上市公司行业分类指引》。

3.2 中国上市公司真实盈余管理的特征分析

3.2.1 年度特征分析

2007—2017年各年度样本及总体样本真实盈余管理平均值的统计状况如表3-2所示。总体来看，样本期间内的样本上市公司真实盈余管理平均值为0.644，与现有部分文献研究得到的真实盈余管理值相比，本书样本上市公司的真实盈余管理程度更高，这种差异与样本年度以及具体测度方法不同相关。各年度的真实盈余管理程度差异并不大，2014年的真实盈余管理程度最高，而2017年的真实盈余管理程度最低。

表3-2 中国上市公司年度真实盈余管理程度统计

项目 \ 年份		2007	2008	2009	2010	2011	2012
$\lvert RM \rvert$	N	1026	1097	1194	1250	1320	1584
	均值	0.638	0.636	0.661	0.643	0.655	0.626
项目 \ 年份		2013	2014	2015	2016	2017	2007—2017
$\lvert RM \rvert$	N	1766	1849	1839	1898	2027	16850
	均值	0.646	0.666	0.651	0.640	0.623	0.644

3.2.2 分类特征分析

本书测度的真实盈余管理是由销售操控、费用操控以及生产操控三部分组成，而部分文献则是针对这三部分其中的某一部分进行的测度或研究。因此，本节将针对本书样本对销售操控、费用操控以及生产操控三部分分别进行统计，以判断本书样本上市公司对哪一部分进行了程度高或程度低的真实盈余管理，如表 3 - 3 所示。

表 3 - 3　中国上市公司真实盈余管理的分类统计

年份＼项目	|*RM*|	*ACFO*	*AEXP*	*APROD*
2007	0.638	-0.013	0.002	-0.030
2008	0.636	-0.018	-0.010	-0.031
2009	0.661	0.005	-0.034	-0.020
2010	0.643	-0.027	-0.003	-0.037
2011	0.655	0.009	0.008	-0.039
2012	0.626	-0.011	-0.013	-0.033
2013	0.646	-0.006	-0.028	-0.028
2014	0.666	-0.008	-0.062	-0.028
2015	0.651	-0.005	-0.025	-0.027
2016	0.640	-0.003	0.002	-0.028
2017	0.623	0.001	0.032	-0.032
2007—2017	0.644	-0.006	-0.012	-0.030

从表中的真实盈余管理的销售操控、费用操控以及生产操控三部分状况来看，本书样本上市公司除 2009 年、2011 年及 2017 年对销售操控进行了正向的操弄外，其他年度进行的均为负向的操弄；在费用操控中，不同年度则进行的是不同方向的操弄，但整体表现为负向操弄；在生产操控中，全部年度都表现为负向的操弄。

张俊瑞等（2008）给出的 1998—2005 年 5336 个中国上市公司的销售操控、费用操控以及生产操控均值分别为 0.004、0.010 与 -0.487。这些数据与本书样本上市公司的销售操控、费用操控以及生产操控的操弄方向存在明显差异，这表明在 2007 年之后，中国上市公司的真实盈余管理行为发生了一定的转变。

3.2.3 行业特征分析

不同行业上市公司会表现出差异性的特征，例如在资产结构、大股东侵占水平、公司业绩、估计收益及股东减持方面，都存在行业性的特征（郭鹏飞和孙培源，2003；郭鹏飞和杨朝军，2003；林朝南等，2006；曹国华和林川，2013）。也就是说，不同行业的上市公司，由于经营业务的差异，会在很多的公司特征方面表现出极大的不同。而正是这些公司特征的差异，导致了上市公司在经营的过程中会做出不同的决策，如选择不同的现金股利形式（权小峰等，2010）、现金持有（周建等，2009）及 R&D（Research and Development）投入（金颖，2011）等。相似地，也正是由于不同行业的上市公司存在特征差异及决策差异，在做出盈余管理决策时会有不同选择，因为不同行业的上市公司能够操弄盈余的能力不同，需要获得的盈余管理结果也不尽相同。陈武朝（2013）发现，处于不同周期性行业的上市公司在进行盈余管理的程度上存在差异；周夏飞和周强龙（2014）同样发现，行业竞争程度的差异化，致使竞争激烈行业的上市公司需要更高程度的盈余管理。可见，不同行业上市公司在操弄盈余管理方面也存在差距。但是，已有文献大都是针对上市公司的应计盈余管理进行的检验，却忽视了真实盈余管理层面的行业差异问题。虽然李彬等（2009）、王亮亮（2013）等均考虑到了行业因素对真实盈余管理产生的影响，但也只是以控制变量的形式控制行业差异性对实证检验带来的影响，并未明确地报告行业因素的具体影响。所以，本部分从行业差异的视角分析上市公司的真实盈余管理行为，既可以了解不同行业上市公司操弄真实盈余的差异性，也有利于更好地观察上市公司操弄真实盈余的趋同性，从而对理论拓展与监管实践具有重要的指导意义。另外，考虑到2012 年证监会对《上市公司行业分类指引》进行了修订，因此在新的行业分布标准下，上市公司真实盈余管理的行业差异化特征如何表现，也是本部分关注的问题。

1. 研究设计

（1）行业分类标准。

Clarke（1989）、Guenther 和 Rosman（1994）以及 Kahle 和 Walkling（1996）

等都指出，科学的行业分类标准是检验不同行业上市公司差异性特征的前提，因为不同的行业分类标准会影响研究变量间的显著性水平，从而导致实证结果存在差异，造成研究结果的差异性。西方证券市场中常用的行业分类标准主要包括联合国国际标准行业分类 ISIC、北美行业分类标准 NAICS 以及摩根—斯坦利的全球企业行业分类标准 GICS 等。而国内相对较为科学的行业分类标准是证监会发布的《上市公司行业分类指引》，这既是中国上市公司的官方行业标准，也是国内文献中主要使用的行业分类标准。证监会的行业分类标准是以国家统计局的《国民经济行业分类》为主要依据，并考虑上市公司的营业收入来源，以生产产品同质性为标准进行的相应分类。而在 2012 年，证监会为规范上市公司行业分类工作，根据《中华人民共和国统计法》《证券期货市场统计管理办法》《国民经济行业分类》等法律法规和相关规定，修订了该标准。因此，参考对上市公司行业特征进行研究的已有文献以及证监会相应规定，本书以 2012 年修订的《上市公司行业分类指引》作为行业分类标准。

根据 2012 年修订的《上市公司行业分类指引》，上市公司的行业分类原则为：①以上市公司营业收入等财务数据为主要分类标准和依据，所采用财务数据为经过会计师事务所审计并已公开披露的合并报表数据。②当上市公司某类业务的营业收入比重大于或等于 50%，则将其划入该业务相对应的行业。③当上市公司没有一类业务的营业收入比重大于或等于 50%，但某类业务的收入和利润均在所有业务中最高，而且均占到公司总收入和总利润的 30% 以上（包含本数），则该公司归属该业务对应的行业类别。④不能按照上述分类方法确定行业归属的，由上市公司行业分类专家委员会根据公司实际经营状况判断公司行业归属；归属不明确的，划为综合类。根据相应的分类原则，中国上市公司被分为 19 个门类、90 个大类。

（2）研究方法。

本书选择非参数检验中的 Kuskal – Wallis H 方法，对不同行业门类上市公司中的真实盈余管理程度是否存在差异进行检验。该检验方法并不要求样本需要满足正态分布或是方差相等的前提条件，因而具有更好的适用性（Scott and Martin，1975）。

在进行非参数检验的基础上，为了更好地检验行业因素对真实盈余管理的解释力度，本书将以上市公司行业门类为虚拟变量，进行相应的多元回归检验，以检验行业因素的解释力度是否存在，具体检验模型如下。

$$|RM_{i,t}| = \sum \alpha_i I_{i,t} + \beta_1 \ln(Size_{i,t}) + \beta_2 ROA_{i,t} + \beta_3 Debt_{i,t} + \beta_4 H10_{i,t} + C + \varepsilon_{i,t} \tag{3.8}$$

在公式（3.8）中，变量 I 为根据样本上市公司所处行业门类设定的虚拟变量，考虑到虚拟变量设定规则及已有对行业差异研究文献的设定习惯，本书选择将制造行业上市公司设定为基准类，其他行业上市公司设定为比较类。其他变量则为参考 Roychowdhury（2006）、李彬等（2009）、李婉丽等（2011）的相关研究设定的控制变量，具体变量定义如下。

资产能力（$Size$）：根据样本上市公司 i 在 t 年度年末资产总额值衡量，并对其取自然对数（$\ln(Size)$）。

盈利能力（ROA）：根据样本上市公司 i 在 t 年度年末资产收益率值衡量。

负债能力（$Debt$）：根据样本上市公司 i 在 t 年度年末资产负债率值衡量。

股权集中能力（$H10$）：根据样本上市公司 i 在 t 年度年末赫芬达尔（Herfindahl_10）指数值衡量，即上市公司当年度年末前十大股东持股比例平方和。

2. 不同行业上市公司真实盈余管理程度统计

表 3－4 是本书样本整体的真实盈余管理行业均值统计分布状况。其中住宿和餐饮业（H）上市公司的真实盈余管理程度最高，但该行业样本数量较少，说明个别上市公司较高程度的真实盈余管理促使了整个行业的真实盈余管理程度上升；其次是信息传输、软件和信息技术服务业（I），电力、热力、燃气及水生产和供应业（D），采矿业（B），其上市公司的真实盈余管理程度均超过了 0.66。而教育业（P）上市公司的真实盈余管理程度最低，其次为卫生和社会工作（Q），文化、体育和娱乐业（R），其均值都未超过 0.6。其他行业上市公司的真实盈余管理均值较为集中，在 0.60 与 0.66 之间。而从各行业上市公司真实盈余管理的最高值来看，制造业（C）行业中出现了最高值，为 9.444。

表 3－4　2007—2017 年不同行业上市公司真实盈余管理程度统计（整体）

行业＼项目	N	$\lvert RM \rvert$ 均值	$\lvert RM \rvert$ 最大值	$\lvert RM \rvert$ 最小值
农、林、牧、渔业（A）	296	0.658	6.241	0.002
采矿业（B）	483	0.660	8.912	0.000
制造业（C）	9946	0.645	9.444	0.000
电力、热力、燃气及水生产和供应业（D）	824	0.669	8.533	0.002
建筑业（E）	495	0.626	5.727	0.002
批发和零售业（F）	1254	0.646	8.700	0.000
交通运输、仓储和邮政业（G）	596	0.609	6.300	0.001
住宿和餐饮业（H）	73	0.721	5.439	0.013
信息传输、软件和信息技术服务业（I）	751	0.672	7.613	0.000
房地产业（K）	1088	0.635	9.248	0.000
租赁和商务服务业（L）	238	0.627	4.813	0.001
科学研究和技术服务业（M）	75	0.605	3.131	0.018
水利、环境和公共设施管理业（N）	179	0.630	5.509	0.004
教育业（P）	21	0.428	1.259	0.024
卫生和社会工作（Q）	50	0.554	2.199	0.005
文化、体育和娱乐业（R）	238	0.561	5.562	0.002
综合（S）	243	0.659	1.483	0.004

具体到各年度，各个行业的样本上市公司的真实盈余管理均值统计状况如表 3－5 所示。

2007 年真实盈余管理程度最高的是农、林、牧、渔业（A），最低的是教育业（P）；2008 年真实盈余管理程度最高的是综合（S），最低的是住宿和餐饮业（H）；2009 年真实盈余管理程度最高的是科学研究和技术服务业（M），最低的是水利、环境和公共设施管理业（N）；2010 年真实盈余管理程度最高的是住宿和餐饮业（H），最低的是教育业（P）；2011 年真实盈余管理程度最高的是住宿和餐饮业（H），最低的是综合（S）；2012 年真实盈余管理程度最高的是教育业（P），最低的是水利、环境和公共设施管理业（N）；

表 3-5 2007—2017 年不同行业上市公司真实盈余管理程度统计（各年度）

行业 \ 项目 \ 年份	2007	2008	2009	2010	2011	2012	2013	2014	2015	2016	2017
农、林、牧、渔业（A）	1.074	0.391	0.762	0.716	0.889	0.483	0.516	0.644	0.851	0.510	0.593
采矿业（B）	0.585	0.549	0.685	0.672	0.685	0.718	0.524	0.927	0.563	0.567	0.728
制造业（C）	0.614	0.636	0.673	0.632	0.641	0.640	0.649	0.677	0.671	0.632	0.620
电力、热力、燃气及水生产和供应业（D）	0.813	0.599	0.473	0.783	0.816	0.612	0.638	0.661	0.642	0.735	0.598
建筑业（E）	0.649	0.918	0.499	0.671	0.687	0.628	0.571	0.687	0.633	0.650	0.453
批发和零售业（F）	0.630	0.650	0.683	0.706	0.605	0.538	0.717	0.744	0.557	0.689	0.587
交通运输、仓储和邮政业（G）	0.520	0.635	0.670	0.566	0.497	0.663	0.621	0.499	0.680	0.644	0.662
住宿和餐饮业（H）	0.246	0.262	1.033	0.996	1.122	0.712	0.938	0.597	0.605	0.411	0.658
信息传输、软件和信息技术服务业（I）	0.659	0.576	0.834	0.519	0.735	0.792	0.605	0.606	0.752	0.741	0.566
房地产业（K）	0.680	0.688	0.629	0.557	0.662	0.527	0.572	0.596	0.616	0.741	0.739
租赁和商务服务业（L）	0.724	0.627	0.586	0.780	0.532	0.567	1.006	0.475	0.404	0.443	0.774
科学研究和技术服务业（M）	0.328	0.792	1.102	0.598	0.384	0.827	0.512	0.729	0.524	0.540	0.500
水利、环境和公共设施管理业（N）	0.917	0.534	0.422	0.488	0.906	0.445	0.645	0.514	0.565	0.659	0.835
教育业（P）	0.172	0.386	0.770	0.370	0.607	0.961	0.209	0.393	0.159	0.192	0.552
卫生和社会工作（Q）	0.824	0.553	0.674	0.410	0.492	0.466	0.380	0.769	0.652	0.511	0.446
文化、体育和娱乐业（R）	0.439	0.416	0.596	0.562	0.850	0.535	0.653	0.606	0.432	0.446	0.637
综合（S）	0.531	0.939	0.699	0.924	0.335	0.525	1.019	0.509	0.591	0.522	0.664

2013 年真实盈余管理程度最高的是综合（S），最低的是教育业（P）；2014 年真实盈余管理程度最高的是采矿业（B），最低的是教育业（P）；2015 年真实盈余管理程度最高的是农、林、牧、渔业（A），最低的是教育业（P）；2016 年真实盈余管理程度最高的是信息传输、软件和信息技术服务业（I）与房地产业（K），最低的是教育业（P）；2017 年真实盈余管理程度最高的是水利、环境和公共设施管理业（N），最低的是卫生和社会工作（Q）。

而具体到各行业在不同年度的真实盈余管理状况，农、林、牧、渔业（A）中，2007 年的真实盈余管理程度最高，达到 1.074，2008 年的真实盈余管理程度最低，仅为 0.391；采矿业（B）中，2014 年的真实盈余管理程度最高，达到 0.927，2013 年的真实盈余管理程度最低，仅为 0.524；制造业（C）中，2014 年的真实盈余管理程度最高，达到 0.677，2007 年的真实盈余管理程度最低，仅为 0.614；电力、热力、燃气及水生产和供应业（D）中，2011 年的真实盈余管理程度最高，达到 0.816，2009 年的真实盈余管理程度最低，仅为 0.473；建筑业（E）中，2008 年的真实盈余管理程度最高，达到 0.918，2017 年的真实盈余管理程度最低，仅为 0.453；批发和零售业（F）中，2014 年的真实盈余管理程度最高，达到 0.744，2012 年的真实盈余管理程度最低，仅为 0.538；交通运输、仓储和邮政业（G）中，2015 年的真实盈余管理程度最高，达到 0.680，2011 年的真实盈余管理程度最低，仅为 0.497；住宿和餐饮业（H）中，2011 年的真实盈余管理程度最高，达到 1.122，2007 年的真实盈余管理程度最低，仅为 0.246；信息传输、软件和信息技术服务业（I）中，2009 年的真实盈余管理程度最高，达到 0.834，2010 年的真实盈余管理程度最低，仅为 0.519；房地产业（K）中，2016 年的真实盈余管理程度最高，达到 0.741，2012 年的真实盈余管理程度最低，仅为 0.527；租赁和商务服务业（L）中，2013 年的真实盈余管理程度最高，达到 1.006，2015 年的真实盈余管理程度最低，仅为 0.404；科学研究和技术服务业（M）中，2009 年的真实盈余管理程度最高，达到 1.102，2007 年的真实盈余管理程度最低，仅为 0.328；水利、环境和公共设施管理业（N）中，2007 年的真实盈余管理程度最高，达到 0.917，2009 年的真实盈余管理程度最低，仅为 0.422；教育业（P）中，2012 年的真实盈余管理程度最高，达到 0.961，2015 年的真实盈余管理程度最低，仅为 0.159；卫生和社会工作业

（Q）中，2007年的真实盈余管理程度最高，达到0.824，2013年的真实盈余管理程度最低，仅为0.380；文化、体育和娱乐业（R）中，2011年的真实盈余管理程度最高，达到0.850，2008年的真实盈余管理程度最低，仅为0.416；综合（S）中，2013年的真实盈余管理程度最高，达到1.019，2011年的真实盈余管理程度最低，仅为0.335。

3. 行业差异与真实盈余管理

（1）非参数检验结果。

表3-6给出不同年度中以及整体上不同行业真实盈余管理差异的非参数检验结果。总体来看，各行业真实盈余管理的均值之间表现出明显的差异，能够通过常规置信水平的显著性检验，这表明总体来看不同行业上市公司的真实盈余管理程度存在差异。而从各年度的非参数检验状况来看，同样每个年度中均存在明显的真实盈余管理的行业差异，基本上均可以通过常规置信水平的显著性检验，这说明中国上市公司对真实盈余的操弄不但存在明显的行业差异，而且这种差异还具有稳定性。

表3-6 行业差异的Kruskal-Wallis H检验结果

年份	行业门类的Kruskal-Wallis H检验结果
2007	18.919**
2008	20.598***
2009	18.817**
2010	19.496***
2011	18.787**
2012	21.410***
2013	18.615**
2014	15.657
2015	19.582***
2016	18.383**
2017	16.000
2007—2017	20.578***

注：***、**、*分别表示1%、5%和10%置信水平下通过显著性检验。

（2）回归检验结果。

回归检验结果如表3－7所示。在样本中包含的16个比较类行业中，有11个行业的虚拟变量检验结果能够通过常规置信水平的显著性检验，包括农、林、牧、渔业（A），采矿业（B），电力、热力、燃气及水生产和供应业（D），建筑业（E），批发和零售业（F），住宿和餐饮业（H），信息传输、软件和信息技术服务业（I），科学研究和技术服务业（M），教育业（P），卫生和社会工作（Q），综合（S）。这表明这些行业的真实盈余管理程度与其他行业存在明显差异。同时，R^2值仅为0.008，这表明行业差异能够在约0.8%的程度上解释中国上市公司的真实盈余管理差异，这一比例与利用相同方法检验大股东减持（0.335）（曹国华和林川，2013）、公司资本结构（0.095）（郭鹏飞和孙培源，2003）、现金股利（0.110）（李增福和唐春阳，2004）及控制权私利（0.172）（林朝南等，2006）等的结果相比明显更低，这也说明公司财务特征及治理特征等其他因素才是主导中国上市公司操弄真实盈余的主要因素。

表3－7 行业差异的回归检验结果

行业	检验结果	行业	检验结果
A	0.017***	P	－0.198*
B	0.008**	Q	－0.078***
D	0.017***	R	－0.080
E	－0.029***	S	0.014*
F	0.001*	其它控制变量	检验结果
G	－0.042	ln（*Size*）	0.012***
H	0.083**	*ROA*	－0.062***
I	0.031***	*Debt*	0.004***
K	－0.020	*H*10	－0.002***
L	－0.020	*C*	0.379***
M	－0.032***	R^2	0.008
N	－0.011	*F*	7.560***

注：***、**、*分别表示1%、5%和10%置信水平下通过显著性检验，括号内为系数值的标准误差值。

3.2.4 结论

本章在修正已有文献对于真实盈余管理计量模型的基础上，确定了本书计算中国上市公司真实盈余管理程度的指标，并进行了相应的测度与统计分析，主要包括年度差异统计、分类差异统计与行业差异统计。研究发现：中国上市公司中普遍存在真实盈余管理行为，从年度差异统计状况来看，各年度的真实盈余管理程度差异并不大，而且在大多年度中上市公司都进行了负向的盈余管理；从行业差异统计状况来看，住宿和餐饮业（H）上市公司真实盈余管理程度最高，教育业（P）上市公司真实盈余管理程度最低，中国上市公司中存在较为明显的真实盈余管理的行业差异，不同行业门类上市公司的真实盈余管理程度存在显著差异，而且这种差异是较为稳定的。

3.3 本章小结

真实盈余管理是近年来上市公司盈余管理的首选方式，而相应地，应计盈余管理程度随之逐渐变低，那么中国上市公司的真实盈余管理程度如何，有什么样的特征，是否真正地对应计盈余管理产生了相应的替代效应，真实盈余管理与应计盈余管理之间存在什么样的关系等，是本章研究的主要内容。本章在对已有文献中衡量真实盈余管理的指标进行比较与选择的基础上，结合新会计制度准则实施之后的会计指标变化，在分别对销售操控、费用操控与生产操控进行计算的基础上测度真实盈余管理综合程度，并以绝对值的形式最终对中国上市公司的真实盈余管理程度进行衡量。在测算出中国上市公司真实盈余管理程度的基础上，得出研究结论如下。

（1）中国上市公司中普遍存在真实盈余管理行为，从年度差异统计状况来看，各年度的真实盈余管理程度差异并不大，而且更多年度中上市公司都进行了负向的盈余管理。

（2）从行业差异统计状况来看，中国上市公司中存在较为明显的真实盈余管理的行业差异，不同行业门类上市公司的真实盈余管理程度存在显著差异，而且这种差异是较为稳定的。

4　真实盈余管理与应计盈余管理的关系检验

从前文的检验结果来看，真实盈余管理是广泛地存在于中国上市公司中的，无论是不同的年度还是不同的行业，上市公司都在操弄着真实盈余，从而达到自身特殊的目的。那么，上市公司为何会进行真实盈余管理？早期部分文献认为上市公司是利用真实盈余管理替代应计盈余管理，以达到与应计盈余管理相同的目的（Cohen et al.，2008；Roychowdhury，2006；Cohen and Zarowin，2010），也有一些文献认为真实盈余管理对应计盈余管理产生了互补的效应（Matsuura，2008；Hashemi and Rabiee，2011）。然而，在资本市场的发展中，由于应计盈余管理发展时间相对较长且容易被市场投资者、外部审计等监管广泛关注，出现了操弄的不便性。所以部分文献认为，在这种情况下上市公司就会使用相对更为隐蔽的真实盈余管理（王敏，2015；王良成，2014）。那么在中国证券市场中，真实盈余管理与应计盈余管理之间到底存在什么样的关系，就是本部分重点关注的内容。

4.1　研究设计

1. 应计盈余管理变量设计

应计盈余管理（*DA*）的计量模型最早由 Jones（1991）设计，其后很多文献在其基础之上进行了相应的修正，而被引用相对较多的是 Dechow 等（1998）修正的模型。夏立军指出，在中国资本市场中，采用线下项目前总应计利润作为因变量，再进行分年度估计特征参数的截面 Jones 模型，能够较好地衡量中国上市公司的应计盈余管理水平（夏立军，2003）。因此，本书参考 Dechow 及夏立军的研究，构建相应的应计盈余管理计量公式。

$$DA_{i,t} = TA_{i,t} - NDA_{i,t} = \frac{NI_{i,t} - CFO_{i,t}}{A_{i,t-1}} - NDA_{i,t} \tag{4.1}$$

在公式（4.1）中，$DA_{i,t}$为 i 上市公司在 t 年度的应计盈余管理程度，也就是 t 年度的可操控性应计利润，该值为 t 年度的应计利润总额（$TA_{i,t}$）与非操控性应计利润（$NDA_{i,t}$）之间的差额。其中，$TA_{i,t}$可以通过上市公司的年度财务报告获得，即由 i 上市公司在 t 年度的净利润（$NI_{i,t}$）与 t 年度的经营活动现金流净额（$CFO_{i,t}$）间的差额除以 $t-1$ 年度资产总额（$A_{i,t-1}$）。而 $NDA_{i,t}$ 却无法从上市公司的年度财务报告中直接获得，因此本书参考 Dechow、刘力和马贤明（2008）等的相关研究，设定计算 $NDA_{i,t}$的计量公式如下。

$$NDA_{i,t} = a_1 \frac{\Delta S_{i,t} - \Delta REC_{i,t}}{A_{i,t-1}} + a_2 \frac{PPE_{i,t}}{A_{i,t-1}} + a_3 \frac{INTAN_{i,t}}{A_{i,t-1}} + a_4 \frac{1}{A_{i,t-1}} + C \tag{4.2}$$

在公式（4.2）中，$\Delta S_{i,t}$为 i 上市公司在 t 年度与 $t-1$ 年度间的营业收入变动额；$\Delta REC_{i,t}$为 i 上市公司在 t 年度与 $t-1$ 年度间的应收账款变动额；$PPE_{i,t}$为 i 上市公司在 t 年度的固定资产额；$INTAN_{i,t}$为 i 上市公司在 t 年度的无形资产额，加入这一变量的原因是在中国上市公司中，土地使用权被包含在无形资产中，而并非如欧美等成熟资本市场将其纳入固定资产中（陈武朝和张泓，2004）；$A_{i,t-1}$为 i 上市公司在 $t-1$ 年度的资本总额，将对以上各项进行平滑，其目的是区分不同资本规模上市公司在进行应计盈余管理时的差异；C 为对模型进行调整的常数项；a 为待估系数。为求得 a 的具体数值，本书利用上一年度的数值进行逐年递归回归，从而求得相应的数值。

$$TA_{i,t-1} = b_1 \frac{\Delta S_{i,t-1} - \Delta REC_{i,t-1}}{A_{i,t-2}} + b_2 \frac{PPE_{i,t-1}}{A_{i,t-2}} + b_3 \frac{INTAN_{i,t-1}}{A_{i,t-2}} + b_4 \frac{1}{A_{i,t-2}} + C + \varepsilon_{i,t-1} \tag{4.3}$$

通过以上各式的回归与计算，得到 i 上市公司在 t 年度的应计盈余管理数值（$DA_{i,t}$）。同时，与计算真实盈余管理指标相同，参考 Warfield 等（1995）、Francis 等（1999）的思想，考虑到上市公司进行应计盈余管理时会从不同方向操弄，因而本部分同样利用应计盈余管理的绝对值进行衡量，即 $|DA|$。

2. 计量模型设计

为研究在中国上市公司中真实盈余管理与应计盈余管理之间的关系，本部分参考王敏（2015）等的相关研究，构建相应的回归检验模型。

$$|RM_{i,t}| = \alpha_1 |DA_{i,t}| + \alpha_2 \ln(Size_{i,t}) + \alpha_3 ROA_{i,t} + \alpha_4 Debt_{i,t} + \alpha_5 H10_{i,t} + \alpha_6 Indu_{i,t} + C + \varepsilon_{i,t} \tag{4.4}$$

在公式（4.4）中，变量 $\ln(Size_{i,t})$、$ROA_{i,t}$、$Debt_{i,t}$、$H10_{i,t}$ 分别为资产能力、盈利能力、负债能力、股权集中能力，具体变量解释与前文一致，而考虑到上面的研究中发现不同行业上市公司的真实盈余管理存在明显的差异，因此本书设定行业的虚拟变量。

3. 数据说明

本部分样本数据以 2007—2017 年沪深 A 股上市公司为原始样本，并且在前文剔除样本原则的基础上，最终得到 16842 个样本。

4.2 实证回归结果

1. 描述性统计分析

（1）真实盈余管理与应计盈余管理均值统计。

表 4－1 与图 4－1 是不同年度真实盈余管理与应计盈余管理的均值比较。从均值状况来看，中国上市公司真实盈余管理程度比应计盈余管理程度更高，这表明在 2007 年之后，中国上市公司在一定程度上存在利用真实盈余管理替代应计盈余管理的行为。

表 4－1　中国上市公司真实盈余管理与应计盈余管理的均值比较

项目＼年份	2007	2008	2009	2010	2011	2012
$\|RM\|$ 均值	0.638	0.636	0.661	0.643	0.655	0.626
$\|DA\|$ 均值	0.106	0.107	0.112	0.103	0.111	0.091
项目＼年份	**2013**	**2014**	**2015**	**2016**	**2017**	**2007—2017**
$\|RM\|$ 均值	0.646	0.666	0.651	0.640	0.623	0.644
$\|DA\|$ 均值	0.093	0.092	0.110	0.106	0.089	0.101

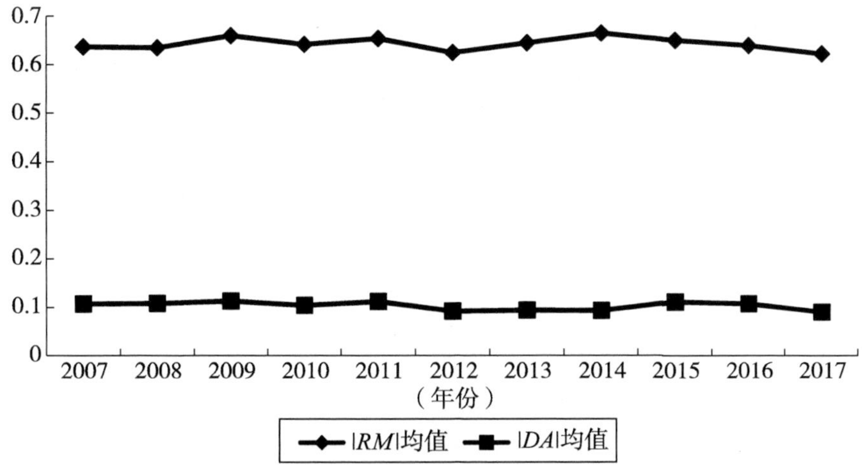

图4－1　中国上市公司真实盈余管理与应计盈余管理的均值比较

（2）描述性统计。

表4－2给出本节样本主要变量的描述性统计状况。可以看出，变量 |*RM*| 均值为0.644，变量 |*DA*| 均值为0.101，样本中真实盈余管理的数值高于应计盈余管理数值。在控制变量中，变量ln（*Size*）均值为22.088，表明样本中中国上市公司的资产规模约为39.14亿元；变量*ROA*均值为0.033，表明样本中中国上市公司的资产收益率平均为0.033，即样本上市公司的净利润约占资产总额的3.3%；变量*Debt*均值为0.475，表明样本中中国上市公司的资产负债率平均为0.475，即样本上市公司的负债总额占资产总额的近五成；变量*H*10均值为0.163，表明样本中中国上市公司前十大股东的持股比例之和约为0.163，说明中国上市公司的股权集中度并不高。

表4－2　描述性统计

	平均值	中位数	最大值	最小值	标准差
|*RM*|	0.644	0.459	9.925	0.000	0.795
|*DA*|	0.101	0.074	9.182	0.000	0.174
ln（*Size*）	22.088	21.981	28.070	17.779	1.210
ROA	0.033	0.031	2.529	－3.994	0.083
Debt	0.475	0.480	4.026	0.007	0.207
*H*10	0.163	0.131	0.810	0.000	0.122

2. 相关性分析

表4－3为本节整体样本中主要变量的相关性检验结果。变量|*RM*|与变量|*DA*|之间表现为负相关关系，这初步表明样本中上市公司真实盈余管理与应计盈余管理之间呈反方向变动，即存在“替代”效应。另外，解释变量与控制变量之间以及控制变量与控制变量之间的相关系数值并不高，除变量*Debt*与变量ln（*Size*）、*ROA*的相关系数值相较较大（绝对值分别为0.383与0.302），其他变量间的相关系数值均未超过0.200，这表明变量间的相关系数值均较低，变量间并不存在多重共线性问题，因此后文的实证结果是可信的。

表4－3　相关性检验结果

	|*RM*|	|*DA*|	ln（*Size*）	*ROA*	*Debt*	*H*10
|*RM*|	1					
|*DA*|	－0.008***	1				
ln（*Size*）	0.016**	－0.022***	1			
ROA	－0.005***	－0.033***	0.074***	1		
Debt	0.007***	0.102***	0.383***	－0.302***	1	
*H*10	0.002***	0.032***	0.266***	0.103***	0.037***	1

注：***、**、*分别表示1%、5%和10%置信水平下通过显著性检验。

3. 回归检验结果

表4－4与表4－5给出不同年度样本及总体样本中检验真实盈余管理对应计盈余管理的替代性检验结果。

表4－4　回归检验结果1

项目＼年份	2007	2008	2009	2010	2011	2012
|*DA*|	－0.930* (0.218)	－0.551*** (0203)	－0.140** (0.018)	－0.135** (0.018)	－0.329*** (0.068)	－0.418*** (0.124)
ln（*Size*）	0.051***	0.013***	0.013***	0.020***	0.036***	0.007***
ROA	－0.168***	－1.146***	－0.331***	－0.231***	－0.170***	－0.039**
Debt	0.079***	0.186***	0.016*	0.114***	0.183***	0.009***

续表

项目＼年份	2007	2008	2009	2010	2011	2012
*H*10	-0.270***	-0.163***	-0.265***	-0.027***	-0.278**	-0.019*
Indu	控制	控制	控制	控制	控制	控制
C	-0.358***	0.204***	0.423***	0.303***	-0.074***	0.463***
N	1026	1097	1194	1250	1318	1583
R^2	0.004	0.017	0.004	0.002	0.006	0.002
F	8.347***	3.780***	9.181***	4.070***	4.934***	5.363***

注：***、**、*分别表示1%、5%和10%置信水平下通过显著性检验，括号内为系数值的标准误差值。

表4－5 回归检验结果2

项目＼年份	2013	2014	2015	2016	2017	2007—2017
|*DA*|	-0.596* (0.155)	-0.427** (0.183)	-0.612** (0.076)	-0.886*** (0.097)	-0.102** (0.015)	-0.413*** (0.004)
ln（*Size*）	0.005***	0.052***	0.007***	0.008***	0.002***	0.013***
ROA	-0.439*	-0.003***	-0.140***	-0.192***	-0.164***	-0.069***
Debt	0.137***	0.132***	0.132***	0.067***	0.007***	0.014***
*H*10	-0.349*	-0.253***	-0.115***	-0.324**	-0.091***	-0.018***
Indu	控制	控制	控制	控制	控制	控制
C	0.647***	-0.427***	0.541***	0.459***	0.677***	0.372***
N	1764	1846	1839	1897	2026	16836
R^2	0.005	0.006	0.002	0.003	0.001	0.014
F	1.901*	2.276**	5.724***	3.811***	4.634***	13.543***

注：***、**、*分别表示1%、5%和10%置信水平下通过显著性检验，括号内为系数值的标准误差值。

从各检验结果*F*值来看，*F*值均能通过常规置信水平的显著性检验，这表明在各回归结果中由解释变量和控制变量拟合的被解释变量预测值与被解释变量真实值并不存在明显差异，即回归结果是可信的。而从各变量的R^2值来看，整体样本的R^2值为0.014，这表明整体来看，应计盈余管理的变动能够在 1.4% 左右的程度上解释真实盈余管理的变动。

具体到解释变量 $|DA|$ 的检验结果，无论是 2007—2017 年的各单个年度的检验，还是利用整体样本进行的检验结果，变量 $|DA|$ 值均表现为负值，这表明解释变量 $|DA|$ 的数值越小，则被解释变量 $|RM|$ 的数值会越大，也就是说上市公司应计盈余管理的水平越低，则相应的真实盈余管理的水平会越高，也就是说样本年度中出现了真实盈余管理对应计盈余管理的“替代”效果，真实盈余管理与应计盈余管理之间存在负向的相关性。

而从控制变量的检验结果来看，变量 ln（*Size*）表现出与被解释变量显著的正向影响，表明相较于小规模的上市公司，大规模上市公司反而倾向于更大程度的真实盈余管理；变量 *ROA* 表现出与被解释变量显著的负相关关系，表明盈利能力越弱的上市公司，进行真实盈余管理的程度越高；变量 *Debt* 表现出与被解释变量显著的正相关关系，表明负债程度越高的上市公司，操弄真实盈余的程度越高。

4.3 本章小结

本节从中国上市公司真实盈余管理与应计盈余管理关系的视角出发，对 2007—2017 年中国 A 股上市公司 16836 个样本进行了相应的实证检验，研究发现，中国上市公司存在真实盈余管理对应计盈余管理的“替代”效应，即上市公司的应计盈余管理程度越低，则相应的真实盈余管理程度就会越高。

从本书的经验证据来看，中国上市公司的真实盈余管理程度与应计盈余管理程度之间存在明显的负相关关系，也就是说上市公司为了达到自身的各种目的，会放弃一定程度的应计盈余管理，转而操弄真实盈余，同样会达到相似的目的。虽然很多文献认为上市公司操弄真实盈余的目的就是因为不能操弄应计盈余，但是本书认为这只是一个表象，也就是说真实盈余管理对应计盈余管理的替代只是一个结果，而上市公司为什么需要利用真实盈余管理去替代应计盈余管理，本书下一步将重点研究这个问题。

5 中国上市公司真实盈余管理原因的框架构建

5.1 真实盈余管理原因分析思路

虽然盈余管理的方式有很多种，但是在21世纪初全球普遍爆发企业操弄会计信息事件以前，应计盈余管理方式是大多数企业管理层进行盈余管理的首选，这与应计盈余管理操弄的直接成本较低、操弄行为较为方便，而且能够快速获得盈余管理直接收益具有密切的关系，管理层只需要通过操弄经营现金流量和应计利润这两条途径就能够实现盈余管理的效果。然而，伴随着世界范围内一系列会计操弄事件的爆发，监管层面对于会计操弄越来越重视，如《萨班斯-奥克斯利法案》等一系列的监管条例相继出台，限制了企业管理层对于应计盈余的操弄，从而使得管理层就需要通过另外的途径进行盈余管理。于是，真实盈余管理就在这样的背景下，逐渐成为企业管理层的首选（Cohen et al.，2008；Chi et al.，2011；Roychowdhury，2006）。

从表面来看，企业管理层进行真实盈余管理的原因是在严格的监管下，无法继续应计盈余管理，这种监管既包括严格的直接外部监管，也包括严格的间接内部监管。其中，外部监管会使得企业管理层操弄应计盈余的显性成本明显提升，而且应计盈余管理被发现后的惩罚成本也相应提升，所以管理层需要利用一种其他的盈余管理方式对应计盈余管理进行替代。相似的，内部监管则使得管理层操弄应计盈余的行为会被企业内存在的监管体系，以及企业内部的其他受到影响的利益相关者所格外关注，从而管理层同样需要通过一种更为隐蔽的方式，达到无法继续操弄的应计盈余管理所能够获得的效果。

然而，从企业管理层操弄应计盈余管理的原本意图来看，盈余管理应该是在不违反相关政策法规以及会计原则的情况下，企业管理层利用会计或非会计的手段，凭借自身一定的职业判断，对财务报告中有关盈余信息披露或其相关辅助的信息进行管理的过程，其目的是误导其他会计信息使用者对企业经营业绩的理解或影响那些基于会计数据的契约，以实现自身利益的最大化或是企业价值的最大化（蔡春等，2011；Schipper，1989；Healy and Wahlen，1999）。可见，企业管理层操弄应计盈余的目的在于获得利益最大化，包括企业利益的最大化以及管理层自身利益的最大化。于是，当应计盈余管理不能够继续为企业或企业管理层赢得足够的利益时，管理层就必然会转而使用另外一种方式获得相应的利益，从而相较于应计盈余管理，之前使用较少、操弄行为也较为隐蔽的真实盈余管理方式就会被使用。而由于真实盈余管理能够为企业以及企业管理层获得足够多的收益，这种盈余管理的方式也就可以被企业管理层所接受。

由于盈余管理是一种典型的“零和博弈”（王福胜等，2014），也就是说无论是在企业外部经营环境出现的各类群体中，还是在企业内部治理出现的各种利益相关群体中，一个群体能够通过盈余管理获得利益，一定是以另外一个群体的损失作为代价的，而这种利益分配机制就是基于与盈余管理有关的某些权利或资源的价格。于是，一方面，盈余管理行为就是与企业经营过程中的中立性原则相对的。因为在现代企业经营的过程中，无论是企业财务报告的披露、企业相关信息的披露、企业社会责任的履行等行为，其核心思想之一就是中立性原则，而盈余管理的实质则偏离了中立性原则，是出于对企业局部利益的追逐，从而企业在通过盈余管理获得自身利益最大化的同时，一定程度上也必然会损害到公众利益，而这就是外部监管需要对盈余管理行为进行制约的原因；另一方面，管理层的盈余管理行为会满足管理层自身的利益诉求，或某些特殊群体的利益诉求，这同样会在一定程度上损害其他利益相关者的利益，并导致公司内部产生信息不对称、沟通阻滞等现象，以及股东之间的利益冲突、侵占中小股东利益等现象（Teoh et al.，1998；程小可等，2015），而这就是内部监管需要对盈余管理进行制约的原因。可见，当传统的应计盈余管理在一定程度上产生了对利益相关者的损害时，无论是外部监管还是内部监管，自然就会为了保护利益相关者，减少因企业或企业管理层的盈余管理行为而导致的企业内外部利益冲突，而对应计盈余管理进行相应的制约，从而使得企业或企业管理层在监管的约束下无法获得足够的利益。因此，这种为了逃避监管而出现的真实盈余管理行为的本质就是管理层需要通过其他方式获得收益。

5.2 真实盈余管理原因框架

构建中国上市公司真实盈余管理的原因的形成过程，利益诉求是真实盈余管理产生的起点，也是最根本因素。当原先的应计盈余管理无法获得足够利益时，上市公司就转为通过真实盈余管理获益。而在获取利益的过程中，由于会存在对企业内外部利益相关者利益的损害，产生了更为严格的内外部监管体系，而管理层为了逃避监管，加之之前应计盈余管理所获得收益会产生锚定效应，能够让管理层预期到盈余管理的收益，于是管理层就会冒着违反监管的风险进行真实盈余管理。所以，本书构建的中国上市公司进行真实盈余管理的原因框架表现如图5－1。

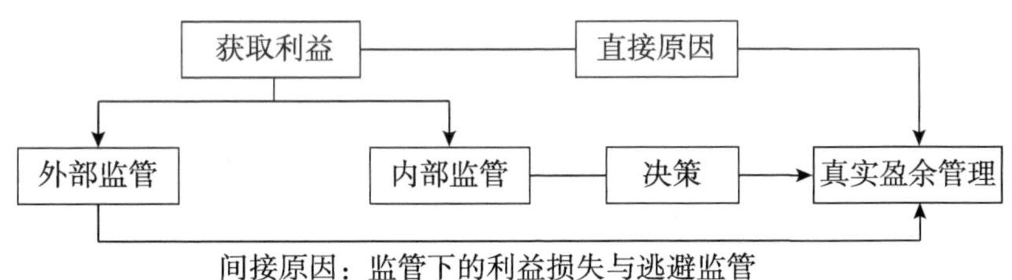

图5－1　真实盈余管理原因的框架

从图5－1可以看出，首先上市公司希望获得相应的利益，于是就会基于获利视角进行真实盈余管理，这样就会侵占其他相关者的利益，从而引起相应的监管部门的注意。于是，上市公司为了规避监管，将会选择真实盈余管理，而不是应计盈余管理。

从已有文献的研究来看，还会存在因为企业管理层为获得更多报酬、企业管理层的更换、企业分配现金股利、企业违反债务契约以及企业发行股票或并购而进行盈余管理的行为。一方面，无论是企业管理层的行为还是企业的行为，其实都会被归咎于企业或其管理层追逐利益的行为，如无论是管理层为了获得更多报酬而进行的盈余管理行为，还是新任管理层的盈余管理行为，都是为了管理层自身利益的最大化，这种自身利益既包括显性利益，也包括隐性利益；另一方面，无论是企业或其管理层的任何行为，内外部对其的监管都是存在的，管理层在内外部监管存在的情况下，其盈余管理的行为也会相应受到制约。

6 基于获取利益因素视角的真实盈余管理原因分析

从前文来看，在中国资本市场中，存在真实盈余管理对应计盈余管理的“替代效应”，原因是中国上市公司更加倾向于使用真实盈余管理。本节首先从上市公司寻求利益的视角，依据行为经济学中的“前景理论”，对比上市公司分别在真实盈余管理与应计盈余管理中的风险与收益所得；其次对比真实盈余管理与应计盈余管理在公司绩效中所产生的影响；最后对比上市公司使用真实盈余管理与应计盈余管理对于公司现金股利产生的不同影响。

6.1 基于前景理论的上市公司真实盈余管理原因解释

Kahneman 和 Tversky（1979）提出了一个基于行为金融视角，测度研究事件收益与损失的思路，即“前景理论（Prospect Theory）”。前景理论认为理性的个人在面对收益与损失时会有不同的表现，在收益时偏向于风险厌恶，而在损失时偏向于风险追逐。前景理论可以解释公司管理层的决策行为，同样可以解释管理层操弄盈余管理的行为（Burgstahler and Dichev，1997；Degeorge et al.，1999）。曾爱民等（2009）就发现前景理论能够较好地解释中国上市公司为了追求和超越市场阈值与政策阈值而实施的盈余管理行为。林川和曹国华（2012）同样发现前景理论能够较好地解释中国商业银行的盈余管理行为。

在已有文献中，很多认为上市公司进行真实盈余管理的目的在于规避监管。但是，理性的上市公司管理层做出的任何决策，一定是收益与成本衡量的结果。所以，简单地认为上市公司管理层操弄真实盈余就是为了逃避因盈余管理而带来的外部监管压力，并没有更深层次地揭示真实盈余管理的目的，只有在真实盈余管理的收益大于成本（风险）时，真实盈余管理才会成为管理层的偏好，即使是为了替代应计盈余管理，也一定是在替代过程中，收获了更多收益。

6.1.1 真实盈余管理的前景理论解释

1. 前景理论与真实盈余管理

Koonce 和 Mercer（2005）认为基于行为视角对上市公司财务会计进行研究是有意义的，这是因为，一方面，行为视角的认知与心理学能提供与传统经济理论不同的结果；另一方面，行为视角关注的是引发人们做出行为的特定机制与过程。而 Kahneman 和 Tversky（1979）基于行为视角提出的“前景理论”是一个可以解释盈余管理行为的思想。

图6－1（a）表现出前景理论的基本状况。如 Kahneman 和 Tversky（1979）所述，前景理论将整个获利空间分为收益与损失区间，而利益相关者在不同的空间中对收益风险与损失风险的态度是不同的。前景理论的值函数在收益空间中呈现为凹形，而在损失空间中则呈现出凸形，而且以参照点为中心，离参照点越远，相应的收益与损失对风险的敏感性就越弱，从而使图6－1（a）的前景理论值函数表现为“S”形，即“双重风险态度”，具体而言就是利益相关者在盈利空间中体现为倾向风险厌恶，而在损失空间中体现为风险追逐，也就是说人们总是觉得相较于收益，相同量的损失会给人们造成更大的痛苦感觉，“损失远比收益引人注目”。

体现在上市公司的真实盈余管理方面，如图6－1（b）所示，理性的管理层会天然地将真实盈余管理后的结果进行划分，即管理层会明晰真实盈余管理带给上市公司的收益与损失及收益（损失）与成本的关系。在可以通过真实盈余管理获得收益（无论是直接的市场收益、管理层特殊目的还是替代应计盈余管理的收益）或获得极大收益时，管理层就会天然地降低对真实盈余管理成本的关注，这是因为收益的获得自然地使管理层及其他利益相关者重视“得到”，从而会继续对真实盈余的操弄；而在真实盈余管理过程中遭受损失时，管理层才会在损失时加大对成本的重视，认为管理真实盈余的行为是不划算的，从而会降低对真实盈余的操弄，以降低公司付出的成本。

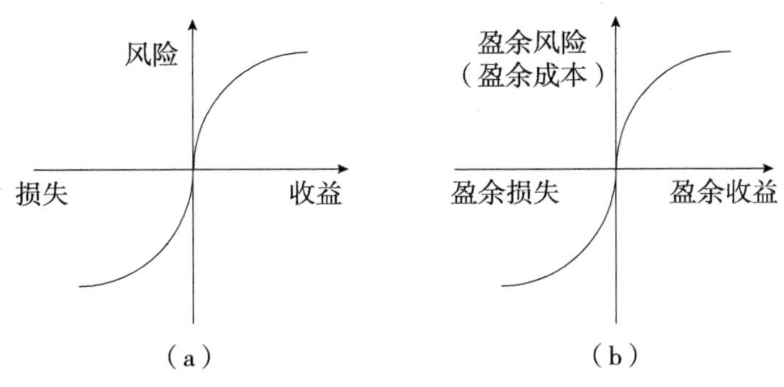

图6－1 前景理论图例

另外，上市公司管理层也会比较真实盈余管理潜在的收益与成本。在存在外部监管的情况下，上市公司可能因管理真实盈余而获得收益，也可能因不管理真实盈余而遭受损失，虽然公司在真实盈余管理过程中存在被外部监管发现而遭到处罚的风险（成本），但如果公司不管理真实盈余，可能遭受更严重的处罚（如被ST或退市等），因而相对于更严重的处罚，外部监管的处罚反而成为相对较低的风险（成本）（兰艳泽、刘贞，2010）。

2. **基于前景理论的真实盈余管理对应计盈余管理的替代分析**

部分文献的研究结果表明，真实盈余管理在近年来更多地被管理层选择是因为外部监管越来越容易发现应计盈余管理的存在（王良成，2014；卢太平、张东旭，2014），使得管理层需要转移盈余管理的方向，如李江涛和何苦（2012）认为，中国上市公司具有采用真实盈余管理逃避高质量外部审计的动机。但是曹国华等（2014）发现，高质量的外部审计行为能抑制真实盈余管理，这就说明，单纯通过真实盈余管理替代应计盈余管理而达到逃避外部监管，并非管理层进行真实盈余管理的实质性目的。从上市公司真实盈余管理形成的过程来看，管理层需要进行盈余管理，进而会选择相对普遍和易操弄的应计盈余管理，但由于近年来应计盈余管理的成本（包括应计盈余管理本身的成本、因为外部监管力度而产生的成本等）逐渐增加，使得应计盈余管理的成本无限接近于收益甚至大于收益，管理层才转向成本相对较低，而收益较大的真实盈余管理。即使Barth等（2008）认为真实盈余管理的成本是相对较高的，但本书认为这种较高的成本与其收益以及应计盈余管理的可能收益相比，又是相对较低的。可以认为，利用真实盈余管理替代应计盈余管理的行为只是一种表象，而其真实原因在于当前上市公司进行真实盈余管理可以获得更高的收益，而付出相对更少的成本。而 Chen 等（2010）也认为，管理者不可能因为单纯的盈余管理目的而过度支出异常实际费用。

图 6－2 描绘了应计盈余管理与真实盈余管理的收益状况。由于外部监管力度不同等原因，上市公司管理层对应计盈余管理与真实盈余管理的需求存在差异，致使应计盈余管理与真实盈余管理的需求曲线（D）及边际收益曲线（MR）的斜率不再一致。并且，应计盈余管理容易暴露给外部监管部门，而进行真实盈余管理可以增大应计盈余管理的操纵范围，所以真实盈余管理的需求更多，其需求曲线（D）和边际收益曲线（MR）的位置就更高。同时，假定上市公司进行应计盈余管理与真实盈余管理时的边际成本（MC）相同。在边际成本等于边际收益（$MC = MR$）时，上市公司操纵应计盈余利益最大化的均衡点为 E_Y（对应的均衡盈余管理程度为 Q_Y，均衡盈余管理单位收益为 P_Y），即应计盈余管理的最大收益为 AP_YOQ_Y；而此时上市公司操纵真实盈余利益最大化的均衡点为 E_Z（对应的均衡盈余管理程度为 Q_Z，均衡盈余管理单位收益为 P_Z），即真实盈余管理的最大收益为 FP_ZOQ_Z。可以看出，单从收益角度来看，上市公司通过真实盈余管理获得的收益要大于应计盈余管理。

Barth 等（2008）认为上市公司操纵真实盈余的成本更高。因此，本书加入的真实盈余管理平均成本曲线（AC_Z）初始点（H）略高于应计盈余管理平均成本曲线（AC_Y）初始点（G），而这两种盈余管理的成本差异表现为操纵盈余过程中的固定成本差异。考虑成本因素之后，应计盈余管理的净收益为 AP_YGB，而真实盈余管理的净收益为 FP_ZHI。可见在考虑成本之后，真实盈余管理的净收益仍然大于应计盈余管理。也就是说，虽然从表面来看，上市公司利用真实盈余管理替代应计盈余管理是为了避免相对较高的外部监管，但实际上是因为外部监管所产生的成本降低了应计盈余管理的净收益。而真实盈余管理的净收益则远远大于应计盈余管理，从而使上市公司可以获得更大的直接收益。同时，从图 6－2 来看，随着盈余管理程度（Q）的增加，上市公司进行盈余管理的成本也同样是上升的，但在此时公司管理层依然会继续操纵盈余。这是因为相较于成本，收益是被管理层更加看重的，也就是前文中前景理论所阐述的内容。

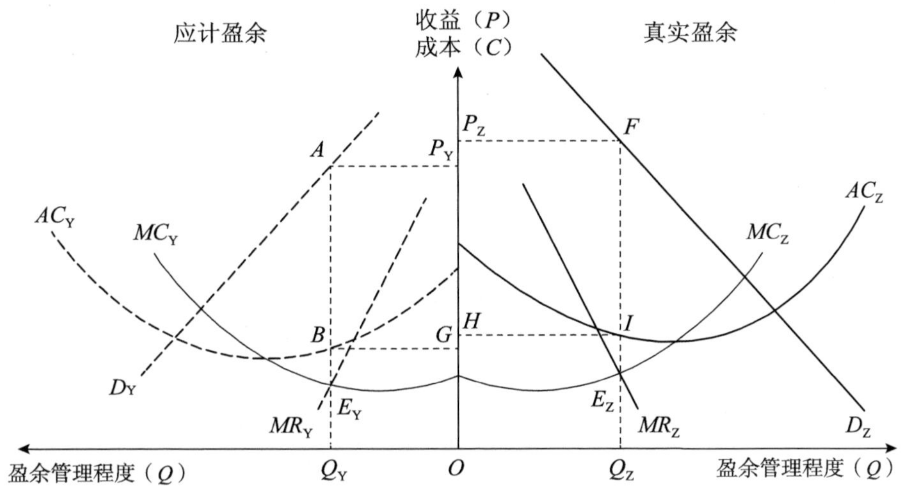

图6－2　应计盈余管理与真实盈余管理的收益状况

6.1.2　研究设计

1. 实证模型设计

根据图6－1所示，在前景理论的研究方法中，首先需要将上市公司的管理进行分组，即找出盈余管理的参照点（阈值），然后根据盈余管理的阈值将样本分为“高盈余组”与“低盈余组”。根据曾爱民等（2009）的研究，本书选择盈余管理的双重阈值（零盈余阈值，盈余管理=0）与市场阈值（零盈余变动阈值，盈余管理变动=0）为参照点。在此基础上，考虑到上市公司会在阈值之上的区间表现为收益盈余且厌恶风险，而在阈值之下的区间表现为损失盈余且追逐风险，因此本书参考 Fiegenbaum（1990）及 Shen 和 Chih（2005）的方法，以上市公司盈余管理的均值作为“收益”的衡量变量，以盈余管理的标准差作为“风险（成本）”的衡量变量，得出前景理论相应的直线型回归模型。

$$\begin{cases} Risk = a_l + b_l Return + \varepsilon \quad \text{低盈余组} \\ Risk = a_h + b_h Return + \varepsilon \quad \text{高盈余组} \end{cases} \tag{6.1}$$

在公式（6.1）中，l 与 h 分别代表上市公司中的低盈余组样本与高盈余组样本；*Risk* 为样本公司盈余管理的风险，即标准差；*Return* 为样本公司盈余管理的收益，即均值；而 a 为常数项；b 则为回归模型的系数值。根据前景理论，在低盈余组中，系数值 b_l 应为负值；在高盈余组中，系数值 b_h 应为正值，而且 $|b_l| > |b_h|$。

林川和曹国华（2012）认为，如公式（6.1）对前景理论进行检验的回归模型是将盈余管理的风险与收益视为直线型关系，但根据前景理论双重风险态度中的“S”形曲线来看，应建立风险与收益的分段函数并进行转换。因此本书根据林川和曹国华（2012）的研究，进一步设定前景理论的对数型回归模型如下。

$$\begin{cases} \ln(Risk) = a_l + b_l\ln(|Return|) + \varepsilon & \text{低盈余组} \\ \ln(Risk) = a_h + b_h\ln(|Return|) + \varepsilon & \text{高盈余组} \end{cases} \tag{6.2}$$

与公式（6.1）相同，如果前景理论可以适用于真实盈余管理，在公式（6.2）中，系数值 b_l 为负值，系数值 b_h 为正值，同时 $|b_l| > |b_h|$。

2. 变量设计

真实盈余管理计量模型参考前文 3.1.1 中 Roychowdhury（2006）原始模型及李彬等（2009）修正后的，分别对销售操控、费用操控及生产操控进行度量后的真实盈余管理绝对值衡量。考虑到在前景理论研究过程中，本书选择利用零阈值作为分界标准，即 $RM = 0$，因此本节测度真实盈余管理时，并未以绝对值的形式衡量。

应计盈余管理计量模型参考前文中 Dechow 等（2003）的修正 Jones 模型，并考虑无形资产在中国上市公司应计盈余管理中所产生的作用，以可操控性应计利润的绝对值衡量。与真实盈余管理相同，考虑到在前景理论研究过程中，本书选择利用零阈值作为分界标准，即 $DA = 0$，因此本节测度应计盈余管理时，并未以绝对值的形式衡量。

6.1.3 实证分析

1. 前景理论与真实盈余管理的实证结果

表 6－1 列出在双重阈值下利用前景理论测度的真实盈余管理原因的实证

结果。在以双重阈值为参照点的检验结果中，各回归结果的 *F* 统计量都可以通过常规置信水平的显著性检验，也就是说各回归结果是可信的。

表 6 -1 前景理论与真实盈余管理的回归结果（双重阈值，*RM* =0）

变量和参数	低盈余组	高盈余组	低盈余组	高盈余组
Return	-0.421 *** (0.059)	0.160 *** (0.045)		
ln（｜*Return*｜）			-1.105 *** (0.022)	0.355 *** (0.022)
α	0.298 ***	0.119 ***	-0.881 ***	-0.351 ***
R^2	0.150	0.681	0.065	0.311
F - statistic	50.569 ***	1270.791 ***	19.985 ***	268.588 ***

注：***、**、* 分别表示在 1%、5%、10% 置信水平下通过显著性检验，括号内为各系数标准误差值。

从具体的变量结果来看，在视风险与收益为直线型函数关系时，低盈余组与高盈余组的系数都通过了显著性检验。其中，低盈余组中系数 b_l 值为负，高盈余组中系数 b_h 值为正。这说明在参照点之下表现为上市公司对真实盈余管理风险的偏好，而在参照点之上表现为上市公司对真实盈余管理风险的厌恶。而且在低盈余组与高盈余组的检验结果中，系数表现出 $|b_l| > |b_h|$。这说明，参照点之上的公司真实盈余管理风险与收益的关系更为平缓，参照点之下的公司真实盈余管理风险与收益的关系则更为陡峭，而这与前景理论所阐述的理论关系是一致的。同时，在视风险与收益为对数型函数关系时，在低盈余组中系数 b_l 值显著为负，高盈余组中系数 b_h 值显著为正，而且 $|b_l| > |b_h|$。这一结果与在直线型函数关系时的检验结果相似，说明在对数型函数关系中，前景理论同样可以解释上市公司操弄真实盈余的行为。

表 6 -2 列出了在市场阈值下利用前景理论测度的真实盈余管理原因的实证结果。各回归模型的 *F* 统计量都通过了常规置信水平的显著性检验，表明各回归结果具有较高的可信度。

表 6－2　前景理论与真实盈余管理的回归结果（市场阈值，$\Delta RM=0$）

变量和参数	低盈余组	高盈余组	低盈余组	高盈余组
Return	－2.561*** (0.104)	2.023*** (0.564)		
ln（∣*Return*∣）			－0.364*** (0.018)	0.183*** (0.049)
α	0.249***	0.294***	0.132***	－0.356*
R^2	0.432	0.258	0.348	0.156
F－statistic	611.100***	26.769***	428.957***	14.218***

注：***、**、* 分别表示在 1%、5%、10% 置信水平下通过显著性检验，括号内为各系数标准误差值。

从市场阈值下的各变量具体系数值来看，无论是直线型函数关系，还是对数型函数关系，各变量值都具有显著性。一方面，在低盈余组系数值 $b_l<0$，在高盈余组系数值 $b_h>0$；另一方面，低盈余组与高盈余组的系数表现出 $|b_l|>|b_h|$。可见，在以市场阈值作为参照点时，前景理论的理论分析同样有效。

从表 6－1 与表 6－2 的检验结果来看，无论以双重阈值还是以市场阈值为参照点，在参照点之上的真实盈余管理盈利区间，真实盈余管理收益与风险表现为正相关关系，即在追逐利润时对风险（成本）的厌恶。而在参照点之下的真实盈余管理损失区间，真实盈余管理收益与风险表现为负相关关系，即在追逐利润时对风险（成本）的关注。同时在盈利区间，收益与风险间的关系相对要缓于损失区间。可见，用前景理论分析上市公司真实盈余管理的行为，可以解释盈余管理阈值两边对风险与收益的权衡关系，也就是说，上市公司操弄真实盈余的行为是为了更大程度地追逐利益（这一利益可能包括证券市场利益、预期财务报告利益、管理层特殊目的利益等）。

2. 真实盈余管理对应计盈余管理的替代分析

本书以应计盈余管理样本，同样利用前景理论分析的方法进行了回归检验，并对前景理论与真实盈余管理（表 6－1 与表 6－2）及应计盈余管理（表 6－3 与表 6－4）的结果进行了比较。

表 6-3　前景理论与应计盈余管理的回归结果（双重阈值，*DA*=0）

变量和参数	低盈余组	高盈余组	低盈余组	高盈余组
Return	-0.794*** (0.047)	1.688*** (0.077)		
ln（|*Return*|）			-0.143*** (0.018)	0.265*** (0.017)
α	0.012***	0.013***	-3.029***	-2.109***
R^2	0.330	0.612	0.095	0.435
F-statistic	281.532***	486.948***	60.177***	238.199***

注：***、**、*分别表示在1%、5%、10%置信水平下通过显著性检验，括号内为各系数标准误差值。

表 6-4　前景理论与应计盈余管理的回归结果（市场阈值，*ΔDA*=0）

变量和参数	低盈余组	高盈余组	低盈余组	高盈余组
Return	-1.020** (1.318)	1.867*** (0.303)		
ln（|*Return*|）			-0.085*** (0.026)	0.182*** (0.018)
α	0.055***	0.044***	-2.399***	-2.729***
R^2	0.021	0.056	0.044	0.022
F-statistic	5.250***	37.727***	10.926***	14.372***

注：***、**、*分别表示在1%、5%、10%置信水平下通过显著性检验，括号内为各系数标准误差值。

表6-3与表6-4分别是在双重阈值与市场阈值下，利用前景理论测度应计盈余管理的实证结果。首先可以看出，各回归结果的 *F* 统计量都能通过显著性检验，表明各回归结果是可信的。而从各变量的具体回归结果来看，在分别利用双重阈值与市场阈值作为参照点时，无论是将前景理论的分析设定为直线型关系，还是对数型关系，在低盈余组中的变量系数 b_l 均为负值，而在高盈余组中的变量系数 b_h 均为正值。这一结果与真实盈余管理的测度结果是相同的，表明上市公司对待不同的盈余管理的收益与风险的基本态度是相同的。但是，与利用真实盈余管理样本进行检验所得结果不同的是，在真

实盈余管理样本中，低盈余组系数与高盈余组系数的关系为 $|b_l| > |b_h|$；而在应计盈余管理样本中，系数关系则为 $|b_l| < |b_h|$。也就是说，上市公司在应计盈余管理的收益区间追逐利益，比在损失区间规避损失时的力度更大。这说明当前，上市公司进行应计盈余管理更多地表现为在利益与损失的两个极端。上市公司在为了特殊目的而希望获取程度较高的盈余收益时——因为应计盈余管理具有较强的市场效应（刘旻等，2005）——会更加关注应计盈余管理。而在更多的时候，因为可以相对较为稳定地获得盈余收益，上市公司就会选择真实盈余管理。本书认为，这是更多上市公司利用真实盈余管理替代应计盈余管理的真实原因。

3. **稳健性检验**

为保证研究结论可信，本书进行了相应的稳健性检验。检验的方式主要是利用不同方法测度真实盈余管理与应计盈余管理，如仅用销售操控测度真实盈余管理，利用 Jones 原始模型测度应计盈余管理等。稳健性检验的结果与本书实证结果并无实质性区别，因此，实证结果是稳健的，研究结论是可信的。

6.1.4 结论

传统的上市公司操弄盈余的方式主要包括会计造假、操弄应计盈余与操弄真实盈余。其中，会计造假是违法行为，并不被公司管理层主动使用，而应计盈余管理却是公司管理层更多使用的手段。近年来，随着各界对应计盈余管理的重视，真实盈余管理越来越多地被公司管理层选择。真实盈余管理是上市公司通过操纵销售、费用及生产等环节，达到盈余管理的目的。从已有研究来看，上市公司操弄真实盈余管理的原因是外部监管力度的增加。本书从收益与成本的角度出发，认为上市公司管理真实盈余的目的是追逐利益。为证实这一设想，本书依据行为金融学中的“前景理论”，实证分析了上市公司进行真实盈余管理的原因。研究发现，前景理论可以对中国上市公司真实盈余管理行为进行解释。具体来看，在以双重阈值与市场阈值为参照点，将收益与风险分别视为直线型关系与对数型关系时，我们发现在盈利区间收益与风险表现为显著的正相关关系，即追逐利益的同时规避风险（成本），而在损失区间收益与风险表现为显著的负相关关系，即规避损失的同时偏好风险（成本），同时在收益区间的系数关系要平缓于损失区间的系数关系。此外，本书还利用前景理论检验了对应计盈余管理的适用性，发现虽然应计盈余管理呈现出与真实盈余管理相同的收益与风险关系，但在收益区间的系数关系却要陡峭于损失区间的系数关系。这说明，上市公司利用真实盈余管理替代应计盈余管理的真实目的，在于追逐更为稳定的盈余收益。

本书的经验证据表明，基于行为金融学的前景理论是对上市公司操弄真实盈余原因的解释之一，但上市公司进行盈余管理的原因还有很多，如希望获得直接的市场收益、管理层的特殊目的等。从行为金融学的视角来看，包括锚定效应、有限理性等内容也可以用来解释盈余管理行为。而这些因素或理论是否可以解释上市公司的真实盈余管理行为，应是需要进一步研究的问题。另外，本书的经验证据表明，上市公司进行真实盈余管理是基于获益的目的，也就是说是为了获得更为稳定的盈余收益，即让市场投资者看到更好的盈余表现，那么对于上市公司来说，真实盈余管理是否能够获得比应计盈余管理更好的盈余表现，就是本书下一节检验的内容。

6.2 真实盈余管理与公司业绩

从公司的业绩视角来看，上市公司在真实盈余管理与应计盈余管理情况下，能够获得什么样的表面业绩，而真实盈余管理与应计盈余管理所产生的副作用又会在什么时间发生，就是本节检验的内容。

6.2.1 理论分析与研究假说

1. 盈余管理与公司业绩

根据 Healy 和 Wahlen（1999）的解释，盈余管理被理解为管理层运用会计手段或安排交易来改变财务报告，以误导利益相关者对公司业绩的理解，从而达到自身的目的。在这种情况下，无论是通过应计盈余管理还是通过真实盈余管理，都是管理层为了影响股票市场对公司业绩的理解，而这种理解，一定会是表现为需要将公司业绩理解得更好。通常，当上市公司需要进行盈余管理时，很重要的一个原因在于公司业绩过差，或者说上市公司需要向市场投资者表现出一种良好的公司业绩（这种需要可能表现为上市公司的需求，如经营需求、配股需求、业绩承诺需求等（Healy，1985；Denis and Denis，1995；Dechow et al.，1998），也可能表现为上市公司管理层的需求，如新任管理层的上位、会计师事务所的更换、股权激励等（DeAngelo，1986）。也就是说，无论是上市公司本身的业绩过差，还是上市公司管理层的特殊需要，都需要利用盈余管理的方式，向外界市场投资者传递出经营良好的信号。可见，良好的公司业绩是盈余管理的最重要目的，虽然这种良好的业绩是被操弄出来的。

另外，盈余管理本身也具有一定的积极作用。从有效契约的视角来分析，盈余管理是能够让上市公司暂时渡过经营困难与财务危机的一种手段，能够形成投资者与债权者之间短期内的共赢局面（罗爽和陈祚，2010）。在这种情况下，盈余管理就可能降低上市公司的债务违约机会，可能让上市公司通过避税等一些途径，获得平稳发展的机会，从而弥补契约的不完全性与刚性，也就降低了上市公司的成本，自然就提升了上市公司的经营业绩。

然而，即使盈余管理具有一定的积极效应，但是在盈余管理下获得的公司业绩并不是真实的，无论是真实盈余管理获得的业绩还是应计盈余管理获得的业绩。如前文所述，当上市公司在业绩变差，或是管理层需要良好业绩时，通过盈余管理获得的良好业绩是一种“表面”的业绩，或者说是一种“虚假”的业绩，于是在上市公司完成盈余管理目的后，业绩就会回到真实水平上，而这种真实的业绩水平会远远低于表面的业绩。甚至由于上市公司在当前进行了盈余管理，占据了公司已有的资源（尤其是真实盈余管理），会导致公司的业绩不但无法与当前水平相当，甚至会低于原本的真实水平。Gunny（2010）的经验证据就表明，管理层的真实盈余管理行为会导致公司随后三年的经营现金流显著下降，而李彬和张俊瑞（2008，2009a，2009b，2010）的经验证据也表明，真实盈余管理是有损于公司长期经营业绩的，具有严重的经济后果。

因此，本书提出了相应的研究假说。

研究假说1：上市公司盈余管理与公司短期业绩间存在显著的正相关关系，无论是真实盈余管理还是应计盈余管理，即上市公司盈余管理程度越高，则短期业绩水平越高。

研究假说2：上市公司盈余管理与公司长期业绩间存在显著的负相关关系，无论是真实盈余管理还是应计盈余管理，即上市公司盈余管理程度越高，则长期业绩水平越低。

2. 真实盈余管理与应计盈余管理对公司业绩影响的对比

虽然真实盈余管理与应计盈余管理都会对公司短期业绩产生明显的正向影响，对长期业绩产生明显的负向影响，但两种盈余管理所产生的影响存在明显的差异。Cohen 和 Zarowin（2010）的研究发现，上市公司的盈余管理行为使得公司经营业绩经历一个先上升后下降的倒“U”形过程，由真实盈余管理引起的经验业绩下滑幅度比应计盈余管理引起的下滑幅度更大。顾鸣润和田存志（2012）的研究也发现，中国上市公司的真实盈余管理比应计盈余管理对公司长期业绩产生更为强烈的负面影响。王福胜等（2014）同样发现，相较于应计盈余管理，真实盈余管理对公司长期经营业绩的负面影响更大。因此，从长期来看，真实盈余管理会对公司业绩产生非常强烈的负向影响，而且产生这种负向影响的力度强于应计盈余管理。

从应计盈余管理与真实盈余管理对公司业绩造成的短期影响来看，由于应计盈余管理操弄的是上市公司的定期财务报告，可以相对较为轻松地获得良好的公司业绩。但是一方面，这种良好的公司业绩无法维持较长的时间，因为公司财务报告只能表现当期的财务状况，而这种财务状况是“虚假”的，是无法延续到下一期的，尤其是当本期的部分财务指标数值较高时，若下一期不再进行盈余管理时，相同指标的下降幅度就会非常大，从而应计盈余管理对公司业绩提升的时间区间就会非常短，而产生的负面影响就会迅速表现出来（例如上市公司达到盈余管理目的后，其公司业绩马上出现明显变化）；另一方面，通常进行应计盈余管理的上市公司，其管理层需要公司业绩马上转变，这也就意味着这些公司盈余管理的目的并非是“保盈”，而是“洗大澡”，也就是这些公司的业绩水平通常较差，在应计盈余管理过后，业绩就会表现得更差。然而，与应计盈余管理不同的是，真实盈余管理操弄的是公司的真实活动，这种真实活动本身是具有延续性的，例如削减研发费用、员工培训费用等，因此对这些活动进行盈余管理，并不会在短期内表现出对公司业绩的负向影响。即使在长期，由于上市公司进行的是真实盈余管理，可以相对“自由”地调整公司的资源，从而既有利于管理层将公司资源用在最需要的地方，也有利于管理层调整公司经营策略，获得业绩提升的时间。因此，本书提出与已有文献结论不同的研究假说如下。

研究假说3：相较于应计盈余管理，真实盈余管理在长期中对公司业绩的负面影响更小，即应计盈余管理会比真实盈余管理更早地出现对公司业绩的负面影响。

6.2.2 研究设计

1. 被解释变量：公司业绩

参考廖理和许艳（2005）、Gunny（2010）、王福胜等（2014）的研究，本书考虑以资产收益率与托宾 Q 衡量上市公司的业绩水平，具体如下。

（1）资产收益率（ROA）：以上市公司 i 在 t 年度年末资产收益率衡量，即上市公司净利润与资本总额的比值。

（2）托宾 Q（$TobinQ$）：以上市公司 i 在 t 年度年末托宾 Q 值衡量，即上市公司市场价值与资产重置成本的比值。

2. 解释变量：盈余管理

真实盈余管理计量模型参考前文中 Roychowdhury（2006）原始模型及李彬等（2009）修正后的，分别对销售操控、费用操控及生产操控进行度量后的真实盈余管理绝对值衡量。

应计盈余管理计量模型参考前文中 Dechow 等（1998）的修正 Jones 模型，并考虑无形资产在中国上市公司应计盈余管理中所产生的作用，以可操控性应计利润的绝对值衡量。

3. 控制变量

参考 Lang 和 Stulz（1994）、王福胜等（2014）的研究，本书加入相应的控制变量，具体如下。

（1）资产能力（*Size*）：根据样本上市公司 i 在 t 年度年末资产总额值衡量，并对其取自然对数（ln（*Size*））。

（2）负债能力（*Debt*）：根据样本上市公司 i 在 t 年度年末资产负债率值衡量。

（3）股权集中能力（*H*10）：根据样本上市公司 i 在 t 年度年末 Herfindahl_10 指数值衡量，即上市公司当年度年末前十大股东持股比例平方和。

（4）上市年度（*Age*）：根据样本上市公司 i 上市时间长度衡量，即样本年度与公司上市年度之间的差额。

4. 计量模型设计

根据所需要研究的问题以及所需变量，本书设计了相应的计量模型。

$$(ROA_{i,t}/TobinQ_{i,t}) = \alpha_1 \left| RM_{i,t} \right| + \alpha_2 \ln(Size_{i,t}) + \alpha_3 Debt_{i,t} + \alpha_4 H10_{i,t} + \alpha_5 Age_{i,t} + C + \varepsilon_{i,t} \tag{6.3}$$

$$(ROA_{i,t}/TobinQ_{i,t}) = \alpha_1 \left| DA_{i,t} \right| + \alpha_2 \ln(Size_{i,t}) + \alpha_3 Debt_{i,t} + \alpha_4 H10_{i,t} + \alpha_5 Age_{i,t} + C + \varepsilon_{i,t} \tag{6.4}$$

在公式（6.3）与公式（6.4）中，C 为常数项，ε 为残差项，α 为待估系数。公式（5.3）与公式（5.4）分别为检验当期真实盈余管理与应计盈余管理对当期公司业绩所产生的影响，即盈余管理对短期公司业绩的影响，而为了检验盈余管理对公司业绩所产生的长期影响，本书构建相应的计量模型如下。

$$(ROA_{i,t}/TobinQ_{i,t}) = \alpha_1 \left| RM_{i,t-n} \right| + \alpha_2 \ln(Size_{i,t}) + \alpha_3 Debt_{i,t} + \alpha_4 H10_{i,t} + \alpha_5 Age_{i,t} + C + \varepsilon_{i,t} \tag{6.5}$$

$$(ROA_{i,t}/TobinQ_{i,t}) = \alpha_1 \left| DA_{i,t-n} \right| + \alpha_2 \ln(Size_{i,t}) + \alpha_3 Debt_{i,t} + \alpha_4 H10_{i,t} + \alpha_5 Age_{i,t} + C + \varepsilon_{i,t} \tag{6.6}$$

其中，n 为盈余管理的影响期，即前 $t-n$ 期盈余管理对 t 期公司业绩所产生的影响。

5. 数据说明

本节在第 3 章样本的基础上，剔除缺失数据且无法补充的样本，最终得到 2007—2017 年测度真实盈余管理与公司业绩的 16805 个全样本和测度应计盈余管理与公司业绩的16799个全样本。

6.2.3 实证回归结果

1. 描述性统计结果

表6-5给出本节样本的描述性统计结果。由于两个样本之间的差距并不大，变量间的描述性统计状况差异也并不大。变量*ROA*均值为0.034，变量*TobinQ*均值为2.179。而真实盈余管理与应计盈余管理的均值分别为0.644与0.099，变量ln（*Size*）均值为22.095，表明样本中上市公司的资本规模均值为39.42亿元；变量*Debt*均值为0.475，表明样本中上市公司的负债总额约占资产总额的一半；变量*H*10均值为0.163，表明样本中上市公司的股权集中度并不高；变量*Age*中位数为11，表明样本中上市公司的上市年龄约为11年。

表6-5 描述性统计结果

变量	|*RM*| 样本量	均值	中位数	|*DA*| 样本量	均值	中位数
AROA	16805	0.034	0.031	16799	0.034	0.031
ATobinQ	16805	2.179	1.704	16799	2.179	1.704
|*RM*| / |*DA*|	16805	0.644	0.459	16799	0.099	0.074
ln（*Size*）	16805	22.095	21.983	16799	22.095	21.984
Debt	16805	0.475	0.480	16799	0.475	0.480
*H*10	16805	0.163	0.131	16799	0.163	0.131
Age	16805	11.024	11.000	16799	11.022	11.000

2. 相关性分析

表6-6给出利用本节真实盈余管理全样本中主要变量的相关性检验结果。可以看出，变量|*RM*|与被解释变量*ROA*及*TobinQ*间表现为正相关关系，而且全部可以通过常规置信水平的显著性检验，这初步表明在样本中，真实盈余管理与公司业绩间表现出正相关关系，即真实盈余管理程度越高，则表现出的公司业绩水平越高，这初步验证了研究假说。同时，从解释变量与控制变量以及控制变量间的相关系数值来看，各数值均较低，表明变量间的相关程度较低，变量间并不存在多重共线性问题，从而解释变量以及控制

变量间可以纳入同一个回归模型。

表 6 – 6 相关性分析（|RM|样本）

	ROA	*TobinQ*	|*RM*|	ln（*Size*）	*Debt*	*H*10	*Age*
ROA	1						
TobinQ	0.036***	1					
|*RM*|	0.006***	0.001***	1				
ln（*Size*）	0.065***	–0.435***	0.017**	1			
Debt	–0.318***	–0.263***	0.006	0.392***	1		
*H*10	0.107***	–0.139***	0.002	0.263***	0.039***	1	
Age	–0.099***	0.031***	–0.007	0.223***	0.238***	–0.115***	1

注：***、**、*分别表示1%、5%和10%置信水平下通过显著性检验。

表6 – 7给出利用本节应计盈余管理全样本中主要变量的相关性检验结果。可以看出，变量|*DA*|与被解释变量 *ROA* 及 *TobinQ* 间表现为正相关关系，而且全部可以通过常规置信水平的显著性检验，这初步表明在样本中，应计盈余管理与公司业绩间表现出正相关关系，即应计盈余管理程度越高，则表现出的公司业绩水平越高，这也初步验证了前文的研究假说。同时，从解释变量与控制变量以及控制变量间的相关系数值来看，各数值均较低，表明变量间的相关程度较低，变量间并不存在多重共线性问题，从而解释变量以及控制变量间可以纳入同一个回归模型。

表 6 – 7 相关性分析（|DA|样本）

	ROA	*TobinQ*	|*DA*|	ln（*Size*）	*Debt*	*H*10	*Age*
ROA	1						
TobinQ	0.036***	1					
|*DA*|	0.030***	0.064***	1				
ln（*Size*）	0.065***	–0.435***	0.007	1			
Debt	–0.318***	–0.263***	0.095***	0.392***	1		
*H*10	0.106***	–0.139***	0.042***	0.263***	0.039***	1	
Age	–0.100***	0.032***	0.077***	0.223***	0.238***	–0.115***	1

注：***、**、*分别表示1%、5%和10%置信水平下通过显著性检验。

3. 回归检验结果

表6－8给出真实盈余管理及应计盈余管理与当年度公司业绩之间关系的回归检验结果。可以看出，各回归检验结果的 *F* 统计量均能够通过常规置信水平的显著性检验，这表明在各回归结果中由解释变量和控制变量拟合的被解释变量预测值与被解释变量的真实值并不存在明显的差异，即回归结果是可信的。而从各回归结果的 R^2 值来看，当被解释变量为 *ROA* 时，回归结果的 R^2 值为0.150，表明盈余管理可以在15%左右解释经上市公司的 *ROA* 变动，而当被解释变量为 *TobinQ* 时，回归结果的 R^2 值约为0.222，表明盈余管理可以在22.2%左右解释上市公司的 *TobinQ* 值。

表6－8　回归检验结果

	ROA	*TobinQ*	*ROA*	*TobinQ*
|*RM*|	0.808 (0.006)	0.184*** (0.014)		
|*DA*|			0.315*** (0.003)	0.066*** (0.007)
ln（*Size*）	0.014***	0.544***	0.014***	0.538***
Debt	－0.146***	－1.050***	－0.146***	－1.104***
*H*10	0.038***	0.088***	0.038***	0.143***
Age	0.001***	0.043***	0.001***	0.041***
C	－0.197***	14.230***	－0.198***	14.093***
R^2	0.150	0.222	0.150	0.227
Adj R^2	0.150	0.222	0.150	0.227
F	593.260***	958.576***	592.640***	984.553***

注：***、**、*分别表示1%、5%和10%置信水平下通过显著性检验，括号内为系数值的标准误差值。

具体到各变量的回归结果，在真实盈余管理与公司业绩的回归结果中，无论被解释变量为 *ROA* 还是 *TobinQ*，回归系数值均为正，而且均能够通过常规置信水平的显著性检验，这表明真实盈余管理程度越高，则上市公司表现出越好的业绩水平；而在应计盈余管理与公司业绩的回归结果中，同样无论

被解释变量为 *ROA* 还是 *TobinQ*，回归系数也均为正，而且也均可以通过常规置信水平的显著性检验，同样说明应计盈余管理程度越高，上市公司会表现出明显更好的业绩水平。从表 6 - 8 的回归结果来看，无论上市公司操弄的是真实盈余还是应计盈余，都能够获得更好的公司业绩（无论这种业绩是真实的还是被操弄出来的），也就是说上市公司的盈余管理行为得到了相应的效果，这验证了前文的研究假说 1。然而，比较不同盈余管理对公司业绩水平产生的影响，当被解释变量为 *ROA* 时，解释变量 $|RM|$ 的系数值为 0.808，但解释变量 $|DA|$ 的系数值仅为 0.315，而被解释变量为 *TobinQ* 时，解释变量 $|RM|$ 的系数值为 0.184，但解释变量 $|DA|$ 的系数值仅为 0.066，可以看出上市公司通过真实盈余管理提升业绩水平的程度明显高于应计盈余管理，也就是说上市公司在真实盈余管理的过程中，可以用更低的成本获得比应计盈余管理更好的结果。

在控制变量结果中，变量 ln（*Size*）与被解释变量表现出显著的正相关，变量 *Debt* 与被解释变量表现出显著的负相关关系，变量 *H*10 与被解释变量表现出显著的正相关关系，变量 *Age* 与被解释变量也均表现出显著的正相关关系。

但是，无论是真实盈余管理还是应计盈余管理，其对于公司业绩的提升都是短暂的，这是因为此时的公司业绩是虚假的。而盈余管理对公司业绩能够产生多长时间的影响，本书则利用公式（6.5）与公式（6.6）进行相应的回归检验。

从表 6 - 9 的回归结果来看，当被解释变量为 *ROA* 时，解释变量 $|RM|$ 在第二期到第五期回归结果中依然表现出显著的正相关结果，这表明真实盈余管理在第二期到第五期中依然能够提升公司业绩，但在第六期回归结果中却表现为明显的负相关，表明此时真实盈余管理已经对公司业绩产生了明显的负效应。而且结合表 6 - 8 的回归结果，解释变量 $|RM|$ 回归系数随着时间推移，系数值越来越小，也就表明真实盈余管理对公司业绩提升程度随着时间的推移越来越弱。

表6-9 真实盈余管理与公司长期业绩的回归检验结果（被解释变量为 *ROA*）

	第二期	第三期	第四期	第五期	第六期
|*RM*|	0.405*** (0.001)	0.302*** (0.001)	0.105*** (0.001)	0.034*** (0.001)	-0.003** (0.001)
ln（*Size*）	0.016***	0.016***	0.014***	0.015***	0.015***
Debt	-0.165***	-0.153***	-0.153***	-0.153***	-0.156***
*H*10	0.013*	0.015**	0.014**	0.014*	0.019**
Age	0.001***	0.001*	0.001*	0.001	0.000
C	-0.327***	-0.268***	-0.241***	-0.248***	-0.253***
R^2	0.151	0.158	0.190	0.179	0.207
Adj R^2	0.150	0.158	0.189	0.178	0.206
F	323.735***	273.895***	266.086***	191.942***	167.365***

注：***、**、*分别表示1%、5%和10%置信水平下通过显著性检验，括号内为系数值的标准误差值。

从表6-10的回归结果来看，当被解释变量为 *TobinQ* 时，解释变量|*RM*|在第二期的回归结果中表现出对公司业绩明显的正向影响，而在第三期中回归结果虽然依然为正，却无法通过常规置信水平的显著性检验，但在第四期中，解释变量与被解释变量之间已经表现为负相关，虽然并未通过常规置信水平的显著性检验，但依然表明真实盈余管理对公司业绩产生了负向的影响，而在第五期与第六期中，真实盈余管理则对公司业绩产生了明显的负向影响，回归结果均可以通过常规置信水平的显著性检验。同样，可以看出真实盈余管理对公司业绩在长期中表现出负向的影响。而且与表6-9相似的是，当解释变量|*RM*|为正时，其系数值越来越小，而解释变量|*RM*|为负时，其系数的绝对值则越来越大，也说明真实盈余管理对公司长期业绩的正向影响越来越弱，而负向影响越来越强。

从表6-11的回归结果来看，当被解释变量为 *ROA* 时，解释变量|*DA*|在第二期就已经表现为与被解释变量间的负相关关系，虽然这种负相关关系并未能通过常规置信水平的显著性检验，但从第三期开始一直到本书检验的第六期，均表现出解释变量与被解释变量之间的显著的负相关关系。可

见，在应计盈余管理对公司业绩的影响中，从第二期就会表现出负向的效应。

表 6 – 10 真实盈余管理与公司长期业绩的回归检验结果（被解释变量为 *TobinQ*）

	第二期	第三期	第四期	第五期	第六期
|*RM*|	0.047 (0.105)	0.015 (0.102)	−0.038 (0.196)	−0.971 *** (0.246)	−1.018 *** (0.030)
ln (*Size*)	−0.777 ***	−0.724 ***	−0.919 ***	−1.004 ***	−0.359 ***
Debt	−0.035	−0.035	−0.210	−0.630	−0.945 ***
*H*10	1.309 **	1.602 **	2.017 **	2.883 *	0.2967 *
Age	0.037 ***	0.026 ***	0.090 **	0.084 **	0.011 ***
C	16.311 ***	17.009 ***	20.228 ***	21.125 ***	22.096 ***
R^2	0.015	0.014	0.013	0.016	0.244
Adj R^2	0.014	0.013	0.012	0.015	0.243
F	27.685 ***	20.040 ***	14.718 ***	14.685 ***	20.604 ***

注：***、**、* 分别表示 1%、5% 和 10% 置信水平下通过显著性检验，括号内为系数值的标准误差值。

表 6 – 11 应计盈余管理与公司长期业绩的回归检验结果（被解释变量为 *ROA*）

	第二期	第三期	第四期	第五期	第六期
|*DA*|	−0.012 (0.019)	−0.036 ** (0.010)	−0.072 *** (0.015)	−0.105 *** (0.042)	−0.166 *** (0.065)
ln (*Size*)	0.017 ***	0.017 ***	0.014 ***	0.015 ***	0.015 ***
Debt	−0.154 ***	−0.172 ***	−0.172 ***	−0.173 ***	−0.175 ***
*H*10	0.017 **	0.018 ***	0.018 ***	0.017 **	0.024 ***
Age	0.001 ***	0.001	0.001	0.001	0.001
C	−0.318 ***	−0.268 ***	−0.240 ***	−0.249 ***	−0.255 ***
R^2	0.148	0.158	0.188	0.179	0.210
Adj R^2	0.148	0.157	0.188	0.178	0.209
F	316.759 ***	271.770 ***	263.293 ***	191.882 ***	169.946 ***

注：***、**、* 分别表示 1%、5% 和 10% 置信水平下通过显著性检验，括号内为系数值的标准误差值。

从表6-12的回归结果来看，当被解释变量为 *TobinQ* 时，解释变量 |*DA*| 在第二期与第三期虽然对被解释变量产生正向的影响，但却均未能通过常规置信水平的显著性检验，从第四期开始，应计盈余管理对公司业绩的影响就表现出负向的影响，虽然直到第六期这种负向影响才表现得显著。长期来看，应计盈余管理对公司业绩产生了负向的影响，这验证了前文的研究假说2。

表6-12 应计盈余管理与公司长期业绩的回归检验结果（被解释变量为 *TobinQ*）

	第二期	第三期	第四期	第五期	第六期
|*DA*|	0.509 (2.006)	0.406 (1.227)	-1.209 (3.803)	-1.998 (4.500)	-2.765*** (0.602)
ln（*Size*）	-0.702***	-0.899***	-0.909***	-1.115***	-0.488***
Debt	0.097	-0.061	0.209	0.765	-0.701***
*H*10	1.429**	1.703**	2.078**	2.571*	0.290*
Age	0.068***	0.066***	0.066**	0.071*	0.098***
C	16.565***	16.761***	18.609***	24.009***	20.121***
R^2	0.015	0.014	0.013	0.013	0.244
$Adj\ R^2$	0.014	0.013	0.011	0.012	0.243
F	26.958***	19.950***	14.737***	11.542***	20.622***

注：***、**、*分别表示1%、5%和10%置信水平下通过显著性检验，括号内为系数值的标准误差值。

从真实盈余管理与应计盈余管理对公司业绩的长期影响来看，虽然真实盈余管理或应计盈余管理都表现为对公司长期业绩的负向影响，但是这种负向影响在应计盈余管理的过程中表现得更早也更为明显，这验证了前文的研究假说3。也就是说，上市公司通过真实盈余管理，可以在更长的时间段内向市场投资者表现出良好的业绩水平，让市场投资者感受到公司业绩水平的优异程度。但是公司的这种盈余管理的目的却很难通过应计盈余管理表现出来，因为在应计盈余管理的次年，公司的业绩水平就无法得到明显的提升，这验证了前文的研究假说。因此，本书认为，上市公司通过进行真实盈余管理，可以获得更好的业绩水平，能够更从容地获得市场投资者的支持，从而获得更多的盈余管理收益，这也就是上市公司进行真实盈余管理的原因。

4. 稳健性检验

为了检验本书研究结论的稳健性，本书进行了稳健性检验。第一，本书使用调整后的 *ROA* 与 *TobinQ* 替代后进行回归检验；第二，本书对部分控制变量进行替换，例如利用股权集中度的 *H*5 替换 *H*10，加入控股股东属性等变量后进行回归检验；第三，本书在控制样本的行业影响与年度影响后进行回归检验。稳健性检验的结果与前文的回归结果并不存在明显差异，因此本书认为回归结果是稳健可信的。

5. 进一步检验

从前文的证据来看，上市公司操弄真实盈余能够获得更好的账面价值，也就是说上市公司通过真实盈余管理，能够让市场投资者看到更好的公司业绩。然而与应计盈余管理直接操弄公司财务报表不同的是，真实盈余管理是通过销售操弄、费用操弄与生产操弄三个层面进行的真实活动盈余管理，也就是说上市公司虽然没有直接操弄账面价值，但是其通过降低成本或是摊销等方式，使得上市公司的成本降低，业绩变好。那么，上市公司在通过真实盈余管理获得良好业绩的过程中，是通过销售操弄、费用操弄与生产操弄中哪种方式获得良好的业绩，就是本书进一步检验的内容。

根据前文中对真实盈余操弄内容的分类以及真实盈余管理度量方法，本书在设定变量 *ACFO*、*AEXP* 以及 *APROD* 时，选择变量实际值而并非绝对值衡量，而本书设定的计量模型如下。

$$(AROA_{i,t}/ATobinQ_{i,t}) = \alpha_1 ACFO_{i,t} + \alpha_2 \ln(Size_{i,t}) + \alpha_3 Debt_{i,t} + \alpha_4 H10_{i,t} + \alpha_4 Age_{i,t} + C + \varepsilon_{i,t} \tag{6.7}$$

$$(AROA_{i,t}/ATobinQ_{i,t}) = \alpha_1 AEXP_{i,t} + \alpha_2 \ln(Size_{i,t}) + \alpha_3 Debt_{i,t} + \alpha_4 H10_{i,t} + \alpha_4 Age_{i,t} + C + \varepsilon_{i,t} \tag{6.8}$$

$$(AROA_{i,t}/ATobinQ_{i,t}) = \alpha_1 APROD_{i,t} + \alpha_2 \ln(Size_{i,t}) + \alpha_3 Debt_{i,t} + \alpha_4 H10_{i,t} + \alpha_4 Age_{i,t} + C + \varepsilon_{i,t} \tag{6.9}$$

从表6－13的回归结果来看，变量 *ACFO* 与被解释变量之间存在显著的正相关关系，这表明上市公司对销售的操弄能够明显地提升公司的业绩。变量 *AEXP* 与被解释变量 *ROA* 间存在显著的正相关，但却与 *TobinQ* 间存在显著的负相关，而变量 *APROD* 与被解释变量之间则均存在显著的负相关关系。从进一步回归检验的结果来看，上市公司真实盈余管理对公司业绩的提升，主要是源于销售操弄所产生的效应。

表 6－13　进一步检验回归结果

	AROA	*ATobinQ*	*AROA*	*ATobinQ*	*AROA*	*ATobinQ*
ACFO	0. 013 *** (0. 003)	3. 205 *** (0. 279)				
AEXP			0. 008 *** (0. 001)	－0. 508 *** (0. 121)		
APROD					－0. 018 *** (0. 002)	－0. 482 ** (0. 193)
ln（*Size*）	0. 017 ***	－0. 763 ***	0. 016 ***	－0. 702 ***	0. 017 ***	－0. 776 ***
Debt	－0. 156 ***	0. 243	－0. 159 ***	0. 368	－0. 152 ***	0. 350
*H*10	0. 021 ***	1. 010 *	0. 020 ***	1. 079 **	0. 021 ***	0. 995 *
Age	－0. 001 ***	0. 067 ***	－0. 001 ***	0. 064 ***	－0. 001 ***	0. 065 ***
C	－0. 297 ***	16. 166 ***	－0. 277 ***	14. 792 ***	－0. 286 ***	16. 460 ***
R^2	0. 152	0. 017	0. 153	0. 018	0. 156	0. 017
Adj R^2	0. 152	0. 016	0. 153	0. 018	0. 156	0. 017
F	401. 493 ***	38. 299 ***	404. 825 ***	41. 594 ***	413. 465 ***	39. 301 ***

注：***、**、*分别表示1%、5%和10%置信水平下通过显著性检验，括号内为系数值的标准误差值。

6. 2. 4　结论

前文在利用行为金融学前景理论对中国上市公司真实盈余管理原因的检验中发现，中国上市公司进行真实盈余管理是为了获得更多盈余管理的利益，那么这种利益是否就是公司账面业绩的提升，或者说是为了让市场投资者能够感受到更好的公司业绩，就是本节研究的内容。本节实证检验了真实盈余管理对公司业绩的影响及应计盈余管理对公司业绩的影响。研究发现，真实盈余管理与应计盈余管理都会提升公司的业绩，而且真实盈余管理对公司业绩的提升程度高于应计盈余管理，但从长期来看，真实盈余管理与应计盈余管理都会对公司业绩产生明显的负向影响，应计盈余管理所产生的负向影响更早也更为明显，这就表明上市公司在对真实盈余的操弄过程中，能够向市场投资者表现出更好的业绩水平，从而获得更多的盈余管理收益，这也就是上市公司进行真实盈余管理的原因。而本节的进一步检验则表明，上市公司真实盈余管理对业绩的提升是源于销售操弄所产生的效应。

从本节与前一节的经验证据来看，上市公司可以通过真实盈余管理获得更多的盈余管理收益，而这种收益并不会被市场投资者发现，因为市场投资者看到的是上市公司良好的业绩表现。那么在这种情况下，上市公司是否会通过进行真实盈余管理为企业保留资源，例如现金流资源，以备未来发展所需，就是本书下一节研究的内容。

6.3 真实盈余管理与现金股利政策

从前文的经验证据来看，上市公司通过操弄真实盈余，可以获得更好的账面价值，让市场投资者感受到更好的公司业绩。那么在这种情况下，上市公司是否可以通过真实盈余管理得到的表面的良好业绩“留住”市场投资者，而不需要“真金白银”的付出，即给予市场投资者一种未来的美好画面，以留住公司发展的资源，尤其是现金流资源，无论这种被保留住的资源是用于企业未来的发展还是另有所图。例如，上市公司会通过分配现金股利的行为吸引市场投资者，而分配现金股利一定会占用公司的现金流，那么上市公司是否会通过真实盈余管理的行为达到与分配现金股利同样的目的，而又减少了直接支出的现金流，同时这一目的是否同样能够通过应计盈余管理达到，就是本节进行检验的主要内容与希望回答的问题。

与真实盈余管理这一近年来的热点话题相比，现金股利政策的问题一直都是学术界讨论的热点话题，虽然中国证券市场的历史较短，但是由于证券市场制度性的缺陷以及监管制度的不完善，中国上市公司的现金股利政策更是表现出与西方成熟资本市场完全不同的“股利分配之谜”（李卓和宋玉，2007）。虽然关于现金股利政策的相关研究文献较多，但是从上市公司盈余视角研究现金股利政策的文献则较少。部分文献从盈余信息含量及盈余变动等视角进行了相关研究（陈工孟和高宁，2005；魏锋和孔煜，2005），而直接从盈余管理视角进行研究的文献则很少。黄桂杰和王洪会（2002）讨论了上市公司股利分配中的盈余管理行为，发现有些盈余管理行为是有害的；刘秀莉（2014）以中小板上市公司为样本，发现盈余管理行为与现金股利政策之间存在显著的负相关关系，即中小板上市公司的盈余管理程度越低，相应的现金股利分配力度与现金股利分配倾向都会越高；周钰颖和林川（2015）也发现，盈余管理与现金股利倾向间存在显著的负相关关系，无论是真实盈余管理还是应计盈余管理，但是真实盈余管理会产生更为强烈的负面效果。与已有文献不同的是，本书在重点分析真实盈余管理对中国上市公司现金股利所产生的影响的基础上，与应计盈余管理对现金股利政策产生的影响进行了相应的比较。

6.3.1 理论分析与研究假说

1. 真实盈余管理与现金股利政策

Lintner（1956）在最早研究公司现金股利政策时发现，盈余水平是公司股利政策变动的关键因素，也就是说持久盈余的变量会导致公司在是否分配现金股利以及分配多少现金股利方面产生变化。通常，盈余的增加会使得上市公司更加倾向分配现金股利以及分配更多的现金股利，而盈余减少则会导致现金股利分配的降低（曹媛媛，2003）。但是，对于上市公司现金股利政策产生影响的是公司真正的盈余水平，而管理层通过盈余管理提升的公司盈余水平却是一种虚假的盈余水平，这种通过盈余管理提升的盈余水平使得公司并没有足够的实力满足该盈余水平上股东的基本利益，也就是说，在管理层操纵盈余后，虽然公司的盈余水平有所提升，但是却并没有足够的实力去分配现金股利，因为这种盈余水平的提升仅仅是表面的。

同时，Lintner（1956）提出了现金股利的信号传导效应，认为公司发放现金股利会向市场传递经营效果良好以及公司治理较佳的信号；同时，Fama 和 Babiak（1968）也提供了经验数据的支持，认为管理层只是在公司未来收益潜力发生实质性变化时才会变更已经成为习惯的股利。但是对于盈余管理程度较高的上市公司而言，一方面，由于公司当前的盈利具有虚假性，公司并没有足够的实力发放现金股利或者发放很多现金股利以向市场传递良好经营的信号；另一方面，当前的盈利状况虽然较好，但是后期盈利会逐渐下降以弥补当前的虚假盈利，因此上市公司就不会选择在当前发放很多现金股利，因为后期现金股利政策的变动会为公司带来更多的负面影响。此外，La Porta等（2000）也认为公司可以通过发放股利的形式传递未来盈利能力，但通过盈余管理提升的盈利能力并不能使公司在当前大量地发放现金股利。所以，上市公司是否发放现金股利以及发放现金股利的多少是与长期的、可持续的、真实的收益水平一致的，而不是当前经过操纵的表面收益水平，管理层只有在确信公司收益水平得到真实的提高、能够支付长期增加的现金股利时才会增发现金股利。

真实盈余管理对于公司的研发费用、资本投资以及生产等商业活动进行了操控，从而在经济实质上偏离了企业的正常经营计划，因此会导致公司未来业绩的下滑（张敏和朱小平，2012）。而且，若市场能够看穿真实盈余管理的现金流后果，并将这一后果作为影响资本成本的因素加以考虑，就会造成真实盈余管理的资本成本的提升，也就会使未来经营利润进一步下降（Cohen and Zarowin，2010）。因此，在这种情况下，操控真实盈余的公司将会面临一个下降的公司经营状况，管理层会保留资金以维持日常经营活动，以备日后经营需要，因此并不会盲目地发放现金股利。同时，对于公司管理层与大股东而言，他们是真实盈余管理的操作者。在操弄了真实盈余后，管理层与大股东更加不会发放现金股利或者发放很多现金股利，因为这只会增加普通投资者的利益，损失他们的利益（虽然管理层与大股东也会在发放现金股利的过程中获益，但是未来管理层与大股东是长期持股的，真实盈余管理后的公司未来利益受损会更多）。

另外，真实盈余管理并非是通过操弄财务报表实现的，而是通过操弄公司真实的经济活动实现的，也就是说公司在日常活动中会将未来才实现的经营活动在当前实现，这就意味着公司未来的现金流会在当前被使用，公司未来就会缺失部分经营活动的现金。在这种情况下，公司就会缺失足够的现金去发放现金股利，因此会选择不发放或者少发放现金股利，也就是说现金股利成了真实盈余管理的牺牲品。上市公司管理层进行真实盈余管理的力度越大，那么在当前也就越缺少足够的现金去满足普通投资者对于现金股利的需要，因而就不会发放或者发放很少的现金股利。彭江平和郑琦（2007）也认为，公司发放现金股利是将最宝贵的现金资源从上市公司流出到投资者手中，这就要求公司在生产经营中确实能产生足够的现金流；而公司不能从经营中获得足够的现金流量，就没有能力选择现金股利政策和派发较多的现金股利。可见，当公司进行了较大程度的真实盈余管理后，就会缺乏真实的现金流支持，从而管理层可能会选择利用股票股利等其他方式满足投资者需要，使得市场转移对公司不发放现金股利的关注度。

因此，本书提出相应研究假说。

研究假说1：上市公司真实盈余管理与现金股利分配倾向间存在显著的负相关关系，即上市公司真实盈余管理程度越高，公司越不倾向分配现金股利。

研究假说2：上市公司真实盈余管理与现金股利分配力度间存在显著的负相关关系，即上市公司真实盈余管理程度越高，公司分配的每股现金股利值越低。

2. 基于现金股利政策的真实盈余管理对应计盈余管理的替代分析

与真实盈余管理相似，应计盈余管理同样会对现金股利政策产生负面的影响。一方面，应计盈余管理的目的同样是为了模糊或粉饰公司的公开业绩水平，这就表明当上市公司需要进行应计盈余管理时，其经营状况同样是出现问题的，需要“非正当”手段（刘秀莉，2014）。而上市公司由于存在经营的状况，也就缺乏分配现金股利的真正实力，所以在进行应计盈余管理，尤其是进行程度较高的应计盈余管理时，必然也就没有能力分配现金股利。另一方面，从应计盈余管理的本质来看，其具有很强的欺骗市场投资者的性质，这虽然与直接的财务造假有区别，但本质上依然属于对市场投资者的蒙蔽。而从现金股利政策的本质来看，是希望市场投资者获得收益，因此可以看出，应计盈余管理与现金股利政策之间是“背道而驰”的。

因此，本书提出相应研究假说。

研究假说3：上市公司应计盈余管理与现金股利分配倾向间存在显著的负相关关系，即上市公司应计盈余管理程度越高，公司越不倾向分配现金股利。

研究假说4：上市公司应计盈余管理与现金股利分配力度间存在显著的负相关关系，即上市公司应计盈余管理程度越高，公司分配的每股现金股利值越低。

与真实盈余管理相比，一方面，前文的证据已经表明，真实盈余管理对于上市公司长远利益的损害程度是低于应计盈余管理的，上市公司在进行应计盈余管理的时候，会更加损害其分配现金股利的真实能力（应计盈余管理只能在当期表面上提升公司业绩，从第二期开始就会损害公司利益）；另一方面，由于应计盈余管理是直接操弄上市公司的财务报表，而真实盈余管理调整的是上市公司的真实经营活动（真实资源），与上市公司操弄真实盈余的活动相比，对应计盈余的操弄更有可能是上市公司缺乏足够的持续发展能力的一种短期行为，也就是上市公司更为“真实”地失去了分配现金股利的能力。另外，刘宝森等（2016）指出，随着中国资本市场中关于“强制分红”与“半强制分红”、增发再融资公司分配现金股利政策的实施，更多上市公司为了满足政策的要求，达到政策的规矩线，不得不“挤出”部分资金进行分红。而相较于操弄应计盈余的上市公司，操弄真实盈余的公司是“可以”对其现金流进行调剂的。

因此，本书提出相应研究假说。

研究假说5：应计盈余管理对现金股利政策的负向影响强于真实盈余管理所产生的负向影响。

6.3.2 研究设计

1. 被解释变量：现金股利政策

（1）现金股利分配倾向（*DP*）：2000 年以前，中国上市公司中分配现金股利的比率非常小，而2000年之后这种状况得到了一定的改观，邓建平和曾勇（2005）认为这与证监会相关的政策引导有极大的关系。然而虽然分配现金股利的公司数量增多，但是很多公司的每股现金股利却明显下降，不少公司每股税前现金股利小于0.05元，使得投资者所得几近为零。可见，2000年后分配现金股利的公司数量较多只是为了满足证监会配股和增发的相关要求，因此本书参考邓建平和曾勇（2005）的方法，视分配每股现金股利小于或等于0.05元的公司为未分配现金股利的公司，即若上市公司分配每股现金股利大于0.05元，则 $DP=1$，若上市公司未分配现金股利或上市公司分配每股现金股利小于或等于0.05元，则 $DP=0$。

（2）现金股利分配力度（*DL*）：以上市公司在当年度分配的每股现金股利水平衡量，若当年度上市公司未分配现金股利，则 $DL=0$。

2. 解释变量：盈余管理

真实盈余管理计量模型参考前文中 Roychowdhury（2006）原始模型及李彬等（2009）修正后的，分别对销售操控、费用操控及生产操控进行度量后的真实盈余管理绝对值衡量。

应计盈余管理计量模型参考前文中 Dechow 等（1998）的修正 Jones 模型，并考虑无形资产在中国上市公司应计盈余管理中所产生的作用，以可操控性应计利润的绝对值衡量。

3. 控制变量

参考 Fama 和 French（2001）及熊德华和刘力（2007），加入资产能力、盈利能力、负债能力及股权集中能力变量作为控制变量，具体变量解释如下。

（1）资产能力（*Size*）：根据样本上市公司 i 在 t 年度年末资产总额值衡量，并对其取自然对数（ln（*Size*））。

（2）盈利能力（*Profit*）：根据样本上市公司 i 在 t 年度年末的每股收益衡量。

（3）负债能力（*Debt*）：根据样本上市公司 i 在 t 年度年末资产负债率值衡量。

（4）股权集中能力（*H*10）：根据样本上市公司 i 在 t 年度年末Herfindahl_10

指数值衡量，即上市公司当年度年末前十大股东持股比例平方和。

4. 计量模型设计

根据需要研究的问题以及所需变量，本书设计相应的计量模型，由于被解释变量 *DP* 为虚拟变量，构建二元选择 *logit* 模型。

$$logit(DP_{i,t}) = \alpha_1 |RM_{i,t}| + \alpha_2 \ln(Size_{i,t}) + \alpha_3 Profit_{i,t} + \alpha_4 Debt_{i,t} + \alpha_5 H10_{i,t} + C + \varepsilon_{i,t} \quad (6.10)$$

$$logit(DP_{i,t}) = \alpha_1 |DA_{i,t}| + \alpha_2 \ln(Size_{i,t}) + \alpha_3 Profit_{i,t} + \alpha_4 Debt_{i,t} + \alpha_5 H10_{i,t} + C + \varepsilon_{i,t} \quad (6.11)$$

而由于被解释变量 *DL* 为连续变量，构建 *OLS* 模型。

$$DL_{i,t} = \alpha_1 |RM_{i,t}| + \alpha_2 \ln(Size_{i,t}) + \alpha_3 Profit_{i,t} + \alpha_4 Debt_{i,t} + \alpha_5 H10_{i,t} + C + \varepsilon_{i,t} \quad (6.12)$$

$$DL_{i,t} = \alpha_1 |DA_{i,t}| + \alpha_2 \ln(Size_{i,t}) + \alpha_3 Profit_{i,t} + \alpha_4 Debt_{i,t} + \alpha_5 H10_{i,t} + C + \varepsilon_{i,t} \quad (6.13)$$

在公式（6.10）、公式（6.11）、公式（6.12）与公式（6.13）中，C 为常数项，ε 为残差项，α 为待估系数。

5. 数据说明

本节在第 3 章样本的基础上，剔除缺失数据且无法补充的样本，最终得到 2007—2016 年测度真实盈余管理与现金股利政策关系的 13556 个样本和测度应计盈余管理与现金股利政策关系的 14786 个样本。

6.3.3 实证回归结果

1. 描述性统计结果

表 6－14 列出本书样本中分配现金股利或不分配现金股利样本中的真实盈余管理及应计盈余管理的统计状况。可以看出，在真实盈余管理的样本中，分配现金股利的上市公司数量明显多于没有分配现金股利的上市公司数量，这表明在中国资本市场中，更多的上市公司重视市场投资者的利益诉求，会以分配现金股利的形式满足市场投资者的需要。而从分配现金股利组与不分配现金股利组的真实盈余管理均值状况来看，在 2007—2016 年，虽然不分配

现金股利的上市公司数量更少，但不分配现金股利上市公司的真实盈余管理程度更高。而在应计盈余管理的样本中，分配现金股利的上市公司数量高于不分配现金股利的上市公司。而从不同上市公司的应计盈余管理程度来看，除2011年外，其他年度中均是不分配现金股利的上市公司的应计盈余管理程度更高。

表6－14　现金股利分配状况及不同盈余管理状况统计

年份	分配现金股利				不分配现金股利			
	N	|*RM*|均值	*N*	|*DA*|均值	*N*	|*RM*|均值	*N*	|*DA*|均值
2007	535	0.610	542	0.103	372	0.812	481	0.110
2008	580	0.602	589	0.100	411	0.737	505	0.115
2009	666	0.614	674	0.108	403	0.797	517	0.118
2010	732	0.623	742	0.097	395	0.757	505	0.111
2011	822	0.656	831	0.111	380	0.781	484	0.111
2012	1117	0.595	1126	0.078	355	0.772	452	0.125
2013	1256	0.595	1278	0.075	392	0.802	484	0.140
2014	1254	0.615	1270	0.080	453	0.834	572	0.118
2015	1183	0.612	1204	0.088	488	0.815	634	0.150
2016	1318	0.608	1337	0.093	444	0.771	559	0.137
2007—2016	9463	0.612	9593	0.090	4093	0.789	5193	0.124

从表6－15的描述性统计结果来看，变量*DP*均值为0.459，表明样本中有45.9%的上市公司分配了现金股利，也就是说较多的上市公司分配的现金超过了0.05元；变量*DL*均值为0.092，表明样本中平均每家上市公司分配的现金股利约为0.9元。而在其他变量中，变量|*RM*|均值为0.665，变量|*DA*|均值为0.102，表明样本上市公司中真实盈余管理均值约为0.665，而应计盈余管理均值约为0.102；变量ln（*Size*）均值为22.0385，表明样本上市公司的资产总额约为37亿元；变量*Profit*均值为0.297，表明样本上市公司的每股收益约为0.3元；变量*Debt*均值为0.480左右，表明样本中上市公司

的负债总额约占资产总额的一半；变量 *H*10 均值为 0.167，表明样本中上市公司的股权集中度并不高。

表 6－15 描述性统计

变量	|*RM*| 样本量	均值	中位数	|*DA*| 样本量	均值	中位数
DP	13556	0.459	0.000	14786	0.428	0.000
DL	13556	0.092	0.050	14786	0.089	0.045
|*RM*| / |*DA*|	13556	0.665	0.493	14786	0.102	0.074
ln（*Size*）	13556	22.051	21.934	14786	22.026	21.911
Profit	13556	0.304	0.232	14786	0.290	0.220
Debt	13556	0.475	0.480	14786	0.480	0.485
*H*10	13556	0.168	0.136	14786	0.166	0.134

2. 相关性分析

表 6－16 给出利用本节真实盈余管理样本主要变量进行的相关性检验结果。可以看出，变量 |*RM*| 与被解释变量 *DP* 及 *DL* 之间均表现为负相关关系，而且都可以通过常规置信水平的显著性检验，这初步表明在样本中，真实盈余管理与现金股利分配倾向及现金股利分配力度间存在负相关关系，即真实盈余管理程度越高，相应的分配现金股利的倾向及力度就会越低，这初步验证了前文的研究假说。同时，从解释变量与控制变量以及控制变量之间的相关系数值来看，各数值均较低，表明在真实盈余管理样本中变量之间的相关程度较低，变量之间并不存在多重共线性的问题，从而解释变量以及控制变量之间可以纳入同一个回归模型中。

表 6－17 给出利用本节应计盈余管理样本主要变量进行的相关性检验结果。可以看出，变量 |*DA*| 与被解释变量 *DP* 及 *DL* 之间均表现为负相关关系，而且都可以通过常规置信水平的显著性检验，这初步表明在样本中，应计盈余管理与现金股利分配倾向及现金股利分配力度间存在负相关关系，即应计盈余管理程度越高，相应的分配现金股利的倾向及力度就会越低，这同样初步验证了前文的研究假说。同时，从解释变量与控制变量以及控制变量之间的相关系数值来看，各数值均较低，表明在应计盈余管理样本中变量之间的

相关程度较低，变量之间并不存在多重共线性的问题，从而解释变量以及控制变量之间可以纳入同一个回归模型中。

表 6－16　相关性分析（|*RM*| 样本）

	DP	*DL*	|*RM*|	ln（*Size*）	*Profit*	*Debt*	*H*10
DP	1						
DL	0.630***	1					
|*RM*|	－0.074***	－0.049***	1				
ln（*Size*）	0.227***	0.206***	－0.013	1			
Profit	0.492***	0.608***	－0.044***	0.238***	1		
Debt	－0.141***	－0.165***	0.027***	0.401***	－0.153***	1	
*H*10	0.167***	0.187***	－0.011	0.282***	0.145***	0.036***	1

注：***、**、*分别表示1%、5%和10%置信水平下通过显著性检验。

表 6－17　相关性分析（|*DA*| 样本）

	DP	*DL*	|*DA*|	ln（*Size*）	*Profit*	*Debt*	*H*10
DP	1						
DL	0.575***	1					
|*DA*|	－0.045***	－0.029***	1				
ln（*Size*）	0.239***	0.223***	－0.012	1			
Profit	0.483***	0.646***	－0.009	0.242***	1		
Debt	－0.150***	－0.150***	0.092***	0.388***	－0.166***	1	
*H*10	0.170***	0.173***	0.031***	0.288***	0.143***	0.035***	1

注：***、**、*分别表示1%、5%和10%置信水平下通过显著性检验。

3. 单变量检验

表6－18给出根据变量*DP*进行的单变量检验结果。可以看出，在对真实盈余管理样本进行的单变量检验结果中，未分配现金股利组（*DP*＝0）中，变量|*RM*|均值明显更高；而分配现金股利组（*DP*＝1）中，变量|*RM*|均值更低，而且两组均值的*T*检验可以通过常规置信水平的显著性检验，这表明未分配现金股利上市公司的真实盈余管理程度会更高，这初步验证了前文

的研究假说1。而相似的检验结果也表现在应计盈余管理样本中，未分配现金股利组中的变量 |*DA*| 均值明显高于分配现金股利组，而且两组均值的 *T* 检验也可以通过常规置信水平的显著性检验，说明未分配现金股利上市公司的应计盈余管理程度也更高，这初步验证了前文的研究假说3。

表6－18 单变量检验结果

变量	分组指标	样本量	均值	*T* 值
|*RM*|	*DP*＝0	7333	0.714	8.6665***
	DP＝1	6223	0.607	
|*DA*|	*DP*＝0	8455	0.109	5.503***
	DP＝1	6331	0.093	

注：***、**和*分别表示在1%、5%和10%置信水平下通过显著性检验。由于变量 *DL* 是上市公司分配现金股利的实际值，而对于部分未分配现金股利的上市公司，变量 *DL* 均值为0，因此若根据变量 *DL* 中位数或均值取值进行单变量检验时，就无法很好地衡量上市公司分配现金股利的多少，因此本书并未根据变量 *DL* 的取值进行单变量检验。

4. 多元回归检验

表6－19给出本节多元回归检验结果，从各检验结果的 *F* 统计量来看，均能够通过常规置信水平的显著性检验，这表明在各回归结果中，由解释变量与控制变量拟合的被解释变量预测值与被解释变量的真实分布之间并不存在明显的差异，即回归结果是可信的。而当被解释变量为 *DP* 时，R^2 平均值为0.325，这说明在控制其他因素影响的情况下，盈余管理约在32.5%的水平上解释上市公司现金股利分配倾向的变动；而当被解释变量为 *DL* 时，R^2 平均值为0.413，这说明在控制其他因素影响的情况下，盈余管理约在41.3%的水平上解释上市公司现金股利分配力度的变动。

具体到各解释变量的检验结果，当解释变量为 |*RM*| 时，变量 |*RM*| 与被解释变量 *DP* 间存在负相关关系，而且可以通过常规置信水平的显著性检验，这表明上市公司真实盈余管理程度越高，分配现金股利的可能性越低；而变量 |*RM*| 与被解释变量 *DL* 间也存在负相关关系，且同样可以通过常规置信水平的显著性检验，这表明上市公司真实盈余管理程度越高，分配现金股利的力度，即每股现金股利值越低。这验证了前文的研究假说1与研究假说

2。而当解释变量为 |*DA*| 时，回归结果与解释变量为 |*RM*| 时的结果相似，变量 |*DA*| 与被解释变量 *DP* 之间存在显著的负相关关系，与被解释变量 *DL* 间也存在显著的负相关关系，这表明若上市公司应计盈余管理程度越高，则分配现金股利的倾向越低，分配的每股现金股利值也越低，这同样验证了前文的研究假说 3 与研究假说 4。而比较解释变量为 |*RM*| 与解释变量为 |*DA*| 时的回归系数值可以看出，解释变量为 |*DA*| 时的系数值明显比解释变量为 |*RM*| 时的更大，这表明应计盈余管理对于现金股利的负向影响要强于真实盈余管理，这也验证了前文的研究假说 5。这表明与应计盈余管理相比，真实盈余管理对于市场投资者所产生的负向影响会更低，市场投资者可能会接受真实盈余管理，而非应计盈余管理，即当上市公司需要进行盈余管理时，可能会通过真实盈余管理获得市场投资者的“谅解”，或者说，相较于应计盈余管理，上市公司的真实盈余管理可能会更能够从市场投资者方面获得收益。

表 6－19　多元回归检验结果

	DP	*DL*	*DP*	*DL*
|*RM*|	−0. 230*** (0. 034)	−0. 004*** (0. 001)		
|*DA*|			−0. 890*** (0. 177)	−0. 014*** (0. 005)
ln (*Size*)	0. 336***	0. 011***	0. 363***	0. 012***
Profit	5. 155***	0. 155***	5. 020***	0. 182***
Debt	−2. 184***	−0. 080***	−2. 273***	−0. 065***
*H*10	1. 070***	0. 090***	1. 073***	0. 081***
C	−8. 075***	−0. 178***	−8. 754***	−0. 208***
N	13556	13556	14786	14786
McFadden R^2	0. 322	—	0. 327	—
R^2	—	0. 393	—	0. 432
F	6018. 706***	1753. 275***	6602. 833***	2249. 280***

注：***、**、* 分别表示 1%、5% 和 10% 置信水平下通过显著性检验，括号内为系数值的标准误差值。

而在控制变量的检验结果中，变量 ln（*Size*）与被解释变量间存在显著的正相关关系，变量 *Profit* 与被解释变量间也存在显著的正相关关系，变量 *H*10 同样与被解释变量间存在显著的正相关关系，这表明上市公司资产规模越大、盈利能力越强、股权集中度越高，其分配现金股利的倾向越强，而且分配力度也越高；变量 *Debt* 与被解释变量间存在显著的负相关关系，这表明上市公司负债程度越高，则上市公司分配现金股利的倾向越低，而且分配现金股利的程度越低。

5. 稳健性检验

为了检验前文结论的稳健性，本节进行了相应的稳健性检验。第一，本节样本中包含主板上市公司的样本和中小板上市公司的样本，因此本节分别对由主板上市公司和由中小板上市公司构成的样本进行检验；第二，本节在控制上市公司行业因素及年度因素后分别进行检验；第三，本节样本为2007—2016 年的非平衡面板数据，因此本节分别利用各年度的截面样本进行回归检验；第四，为消除样本中极端值的影响，本节分别对处于 0 ~ 1% 和 99% ~ 100% 的极端值样本进行处理后，再进行回归检验；第五，为了控制可能存在的内生性问题，使用 Heckman 两阶段回归方法：第一阶段对真实盈余管理或应计盈余管理的检验模型加入相应的工具变量，如内部控制的虚拟变量、审计委员会的虚拟变量、外部审计变量等；第二阶段进行相应的回归检验。从以上的稳健性检验结果来看，不同的稳健性检验结果间以及与前文的实证结果并不存在明显的差异。因此，基于稳健性检验，本节认为相应的研究结论是可靠的。

6.3.4 结论

真实盈余管理作为一种新的盈余管理手段，会通过影响公司经营现金流量来提高当期盈余，但是长期以来却会损害公司价值，而且真实盈余管理对于公司现金流的操弄，会在一定程度上导致公司缺少足够的现金。因此，本节利用 2007—2016 年沪深 A 股的真实盈余管理样本与应计盈余管理样本，建立了上市公司真实盈余管理以及应计盈余管理与现金股利政策之间的关系，比较了真实盈余管理与应计盈余管理对现金股利政策的影响差异。研究发现，真实盈余管理与现金股利政策之间存在显著的负相关关系，即上市公司真实盈余管理程度越高，现金股利分配倾向越低，而且现金股利分配力度也越低；应计盈余管理与现金股利政策之间也表现出相似的负相关关系，即上市公司应计盈余管理程度越高，现金股利分配倾向与分配力度也越低；比较真实盈余管理与应计盈余管理所产生的负向影响，应计盈余管理产生的负向影响更强，这表明与应计盈余管理相比，真实盈余管理对于市场投资者所产生的负向影响会更低，即上市公司进行真实盈余管理会比应计盈余管理更能够从市场投资者方面获得收益。

与应计盈余管理相比，真实盈余管理并非是通过操纵上市公司应计利润实现的，也就是说上市公司的真实盈余管理行为并非可以简单地通过财务报表发现。在这种情况下，上市公司管理层可以为避免因管理应计盈余而给自己增加外部压力，转向通过管理真实盈余达到自身目的，然而这却会在长期损害公司以及普通投资者的利益。那么，外部监管与内部监管等一系列监管体系能否控制上市公司管理层的真实盈余管理行为，应是需要进一步关注的问题。

6.4 本章小结

学术界与实务界认为真实盈余管理之所以是当前上市公司盈余管理的首选方式，是因为真实盈余管理替代了应计盈余管理。然而，上市公司为什么会利用真实盈余管理替代应计盈余管理，这就是本章重点研究的问题与希望发现的答案。本章首先利用行为金融学中的前景理论检验了真实盈余管理及应计盈余管理在操纵过程中的风险与收益问题，其次检验了真实盈余管理及应计盈余管理与公司业绩之间的关系，最后检验了真实盈余管理及应计盈余管理与公司现金股利政策之间的关系。研究发现，上市公司操纵真实盈余，或者说上市公司利用真实盈余管理替代应计盈余管理的根本原因在于能够获得足够的盈余管理收益，具体如下。

（1）中国上市公司利用真实盈余管理能够追逐到更为稳定的盈余收益。本书依据行为金融学中前景理论的检验发现，前景理论可以对中国上市公司真实盈余管理行为进行解释。以双重阈值与市场阈值为参照点，将收益与风险分别视为直线型关系与对数型关系时，在盈利区间收益与风险表现为显著的正相关关系，即追逐利益的同时规避风险（成本）；而在损失区间收益与风险表现为显著的负相关关系，即规避损失的同时偏好风险（成本），同时在收益区间的系数关系要平缓于损失区间的系数关系。不过，前景理论却并不能够解释应计盈余管理，虽然应计盈余管理呈现与真实盈余管理相同的收益与风险关系，但在收益区间的系数关系却要陡峭于损失区间的系数关系。这表明，真实盈余管理可以让上市公司获得稳定的盈余收益。

（2）真实盈余管理能够让中国上市公司获得更好且时间更长的公司业绩。本书通过对盈余管理与公司业绩关系的检验发现，真实盈余管理与应计盈余管理都会提升公司的业绩，但真实盈余管理对公司业绩的提升程度高于应计盈余管理。而从长期来看，真实盈余管理与应计盈余管理都会对公司业绩产生明显的负向影响，但应计盈余管理所产生的负向影响更早也更为明显。这表明，上市公司在真实盈余管理的过程中，能够向市场投资者表现出更好的业绩水平，从而获得更多的盈余管理收益。

（3）真实盈余管理能够让上市公司获得更少的市场投资者负向影响。本书通过对盈余管理与现金股利政策关系的检验发现，真实盈余管理与现金股利政策之间存在显著的负相关关系，即上市公司真实盈余管理程度越高，现金股利分配倾向越低，而且现金股利分配力度也越低；应计盈余管理与现金股利政策之间也表现相似的负相关关系，即上市公司应计盈余管理程度越高，现金股利分配倾向与分配力度也越低；从真实盈余管理与应计盈余管理所产生的负向影响来看，应计盈余管理产生的负向影响更强。这表明，与应计盈余管理相比，真实盈余管理对于市场投资者所产生的负向影响会更低，即上市公司进行真实盈余管理会比应计盈余管理更能够从市场投资者方面获得收益。

7 基于规避外部监管因素视角的真实盈余管理原因分析

在上一章的检验中，本书对中国上市公司进行真实盈余管理的利益因素进行了相应的检验，发现上市公司之所以会利用真实盈余管理替代应计盈余管理，主要的原因在于可以获得更多的真实盈余管理收益。那么，除了单纯的利益因素，还有哪些因素促使上市公司进行真实盈余管理呢？在已有文献中，很多认为在安然与安达信事件发生之后，随着《萨班斯-奥克斯利法案》的发布，外部审计的力量越来越强，使得上市公司很难像以前一样，随意且低成本地进行相应的应计盈余管理，于是才转而进行真实盈余管理。然而，真实盈余管理是否能够被外部监管因素控制，就是本章需要检验的问题。如果说外部监管因素无法监管真实盈余管理，但可以很好地监管应计盈余管理，那就说明逃避外部监管是上市公司进行真实盈余管理的重要原因。外部监管因素不仅包括直接的外部审计行为，还包括潜在的因素，如外部的法制环境等。因此，本章将讨论外部监管因素在真实盈余管理替代应计盈余管理的过程中产生的作用，首先检验外部审计对真实盈余管理产生的影响，其次讨论制度环境的影响。

7.1 外部审计监管与真实盈余管理

7.1.1 引言

对于上市公司而言，与其他的监管方式相比，外部审计是最为严格的一种监管方式。会计师事务所通过审计的形式可以发现上市公司存在的问题

(这些问题不仅仅是存在于会计报表中的问题，还包括会计师事务所发现的上市公司的经营问题等)，会通过审计报告的形式向外界披露，让市场投资者能够更加真实地了解上市公司的经营状况到底是“好”还是“不好”，到底存在什么问题。近年来，随着众多审计丑闻的曝光与披露，普通投资者对于抑制盈余管理行为的需求越来越高，从而外部审计逐渐加强，导致传统的通过应计项目操弄盈余的行为变得越来越困难。通过操弄真实经济活动来达到目的的真实盈余管理行为变得更加普遍。与应计盈余管理行为相比，真实盈余管理是管理层通过经营决策刻意地构建真实的经济活动来影响盈余水平，对于需要盈余管理的公司管理层或股东而言，真实盈余管理行为具有较强的隐蔽性，不会轻易被外界知晓，能够在一定程度上逃脱外部监管压力。但对于普通投资者和中小股东而言，由于无法判断管理层是否进行了盈余管理以及盈余管理的方向与程度，其个人利益必然会受到损害。

已有文献发现，外部审计会在一定程度上遏制了上市公司通过盈余管理达到目的的行为。如 DeFond 和 Jiambalvo（1991）认为，来自大规模的事务所的会计师会较少出现高估当期盈余的错误。蔡春等（2005）认为，规模大的会计师事务所能够提供更高质量的审计，从而可以使上市公司盈余管理程度降低。倪慧萍（2010）也发现，审计委员会的设立可以抑制盈余管理行为。但是，这些结论都是针对应计盈余管理得出的，那么，审计行为是否也能够发现及抑制真实盈余管理呢？从已有文献来看，部分学者认为审计行为在一定程度上可以抑制真实盈余管理，也就是说随着审计的监督行为增加，上市公司的真实盈余管理行为会减少。顾鸣润和田存志（2012）则发现，在民营上市公司中，外部独立审计能够显著地抑制管理层的真实盈余管理行为，在面对高质量的外部审计时，民营企业更倾向于审慎地选择真实盈余管理行为。也有部分学者认为，真实盈余管理与应计盈余管理间存在互补性，由于审计的监督行为，上市公司操弄应计盈余的难度会加大，从而会选择操弄真实盈余，所以很多文献的结论都认为上市公司进行真实盈余管理的原因在于规避对应计盈余管理严格的外部审计。Cohen 等（2008）就发现，《萨班斯-奥克斯利法案》的颁布刺激了上市公司原先平稳的真实盈余管理程度。Chi 等（2011）也发现，外部审计质量越高，上市公司则进行越多的真实盈余管理。

胡志磊和周思维（2012）认为，审计质量会显著影响管理层实施真实盈余管理的动机，由于事务所提供了高质量的外部审计，管理层为了达到利润目标，会选择不易被觉察的真实盈余管理。李江涛和何苦（2012）也发现，上市公司具有以真实盈余管理逃避高质量审计监督的动机。顾鸣润（2013）同样认为，当目标公司面对高品质的独立审计时，由于应计盈余管理空间被进一步限制，为达到目标报告盈余会增加真实盈余管理程度。可以看出，已有文献并未得到一致结论，认为审计行为能够抑制真实盈余管理的观点的核心在于审计行为的外部监督性，而认为审计行为会带来更高程度真实盈余管理的观点强调的是对应计盈余管理的互补性，但正如顾鸣润（2013）认为的，中国审计市场与西方发达国家审计市场存在极大差异，中国审计市场中异常激烈的竞争以及事务所面临的执业诉讼风险和赔偿责任，可能会使得事务所牺牲审计质量而换取客户资源，从而审计行为能否真正抑制真实盈余管理就是一个未知的答案。另外，审计行为包括的内容很多，已有文献大多仅基于审计行为某一方面（如事务所规模）进行分析，这就无法系统得知审计行为对真实盈余管理产生的影响。

那么，外部审计对于真实盈余管理是否会产生抑制作用？如果外部审计无法发现并降低上市公司的真实盈余管理程度，甚至在高质量外部审计存在的情况下，真实盈余管理的程度反而提升，这就说明外部审计的存在刺激了上市公司避免应计盈余管理，而转向真实盈余管理的行为，那么上市公司利用真实盈余管理替代应计盈余管理的一个很重要的目的就是规避外部审计的监管。而相反的，若是外部审计程度的提升能够降低真实盈余管理，那么就意味着上市公司用真实盈余管理替代应计盈余管理的动机并非是规避外部监管。而这些，就是本节需要回答的问题。

7.1.2 理论分析与研究假说

审计行为指审计主体为达到行为目标而做出的一系列反映审计内在本质的行为。审计行为的主体对象包括会计师事务所与上市公司，狭义上审计行为仅指事务所的自身特征及提供的审计服务等内容，而广义上审计行为还应指上市公司对于审计服务的反应。因此，本书选择广义的审计行为定义，将审计行为细分为事务所规模、事务所更迭、审计意见及审计收费。其中，事务所规模与事务所更迭为事务所自身特征，审计意见为事务所提供审计服务的结果，审计收费则是上市公司对于审计服务的反应。这四个方面均可以从不同视角衡量审计质量。

1. 事务所规模与真实盈余管理

事务所规模体现了会计师事务所的发展历史以及综合实力。通常，大规模的会计师事务所已经完成了初期的资本积累、客户聚积与经验累积，具有稳定的客户来源与足够的审计经验，也经历了足够的审计市场竞争和淘汰，能够保证稳定和诚信的发展。如当前的国际四大会计师事务所以及国内的大型会计师事务所，其资产总额、客户数量以及业务收入，都是远远超过国内的一些中小会计师事务所的。可以看出，规模是会计师事务所的一个综合竞争能力的体现，同时也是其提供的审计服务质量的一种体现。通常认为，一方面，大规模的事务所已经发展至成熟阶段，在面对审计工作中出现的问题时会更有经验，所以在不违背审计道德标准的基础上会较少出现错误，而且与小规模事务所相比，大规模事务所具有更强的保持独立性的动机，在面对上市公司管理层的盈余管理意图时，不需要像小规模事务所那样为了考虑客户流失而选择让步与妥协；另一方面，大规模事务所具有良好的声誉机制，由于其在审计失败时所需要承担的社会声誉及行业声誉压力更大（DeAngelo，1981），也就不会为单个客户承担更多的审计失败的机会成本，而且大规模事务所还具有深口袋效应，其在审计失败时需要承担的相关赔偿也会更多（Dye，1993），所以也没有理由为单个客户的盈余管理行为承担更大的风险。也就是说，大规模的会计师事务所能够提供更好的审计服务，发现上市公司中出现的盈余管理行为。

已有文献的研究结果中，也多认为大规模的会计师事务所提供了更好的审计服务，抑制了上市公司的盈余管理行为。漆江娜等发现，中国审计市场具有对高品牌事务所的内在需求，与本土事务所相比，国际四大事务所凭借实力获得了审计市场中的大客户，但是也容忍了更少的公司盈余管理行为（漆江娜等，2004）。倪慧萍（2010）也认为，与小规模事务所相比，大规模的事务所更可能拒绝公司管理层的盈余管理行为。而 Chen 等

(2010) 也发现，若会计师事务所发生了合并现象，在其规模扩大的同时，审计质量也发生了明显的提高。对于上市公司的真实盈余管理，由于大规模事务所的审计人员通常更加具有实际的审计经验，就更可能发现公司财务报告中出现的问题。虽然真实盈余管理是通过操弄公司的真正经营活动而进行的，但是有经验的审计人员会通过发现公司财务报告中的某个数字的大幅度变化而洞察公司的真实盈余管理行为，从而在这种情况下，使得公司管理层并不能够轻易地对公司的真实经营活动进行调整。因此，本书提出研究假说如下。

研究假说1：事务所规模与上市公司真实盈余管理程度间存在显著的负相关关系，即事务所规模越大，上市公司真实盈余管理程度越低。

2. 事务所更迭与真实盈余管理

中国注册会计师协会于2002年颁布的《中国注册会计师职业道德规范指导意见》中的第15条明确指出，会计师事务所应定期对负责审计客户的注册会计师进行轮换。证监会也于2003年提出，签字注册会计师连续为某一相关机构提供审计服务的最长年限为5年。可见，实务界已经注意到事务所的长期审计行为会存在审计质量下降问题以及与公司联合舞弊的行为。对于新任事务所而言，虽然其上任时间较短，对于审计客户的熟悉度并不高，但正是这种状况使得新任事务所与审计客户之间互相心存戒备，从而一方面，新任事务所为了保持自己的专业诚信而不会与审计客户形成同盟，不会轻易容忍审计客户的大规模的盈余管理行为；另一方面，新任事务所在工作时也会更加努力，保持专业警惕性，从而会更容易发现审计客户存在的问题。与新任事务所相比，任期时间长的事务所因为与客户熟悉而会缺乏足够的动机保持专业上应有的谨慎，这也就可能影响审计质量（Myers et al.，2003），使得上市公司拥有盈余管理的空间。由于真实盈余管理行为是对真实经济活动进行的操弄，任期时间长的事务所很可能会忽视上市公司的这种行为，只是关注公司账目上表现出来的状况，而新任事务所由于对审计客户不熟悉，在实际的审计过程中会更加深入地对公司的每一个经营细节进行调查，就可能发现公司经营中存在的真实盈余管理行为。

但是，并非所有文献都认为新任事务所一定会带来更好的审计治理，也就是说，有可能在新任事务所上任后，反而上市公司的盈余管理程度更高。一方面，由于新任事务所与审计客户并不熟悉，这就加大了审计的成本，从而新任事务所有可能会为取得更多的审计利润而通过减少审计工作的方式降低审计成本；另一方面，部分新任事务所为了取得与审计客户间的良好关系，可能会做出迎合审计客户的行为，这就影响了审计的独立性，使得上市公司拥有更大的盈余管理的空间。Ghosh 和 Moon（2005）就认为，更换事务所会使得投资者无法感受到原任事务所的审计质量，从而会使得审计质量有所下降。曹国华等（2011）也认为，无论在美国审计市场还是中国审计市场，新任会计师事务所的审计质量反而更低。可见，新任事务所也许并不能够提供质量足够好的审计服务。对于真实盈余管理行为，一方面，新任事务所可能由于对审计客户不熟悉，会被审计客户的一些行为所迷惑，无法洞察审计客户存在的真实盈余管理行为；另一方面，新任事务所可能会因为需要讨好新的审计客户，而降低自身的审计质量，从而使得上市公司可以放心地操弄真实盈余。因此，本书提出研究假说如下。

研究假说 2a：事务所更迭与真实盈余管理程度间存在显著的负相关关系。

研究假说 2b：事务所更迭与真实盈余管理程度间存在显著的正相关关系。

3. 审计意见与真实盈余管理

如果说前文的事务所规模能够在一定程度上表现出会计师事务所审计服务的质量，那么以审计意见类型衡量审计治理，则是已有审计治理效应研究的主要方法之一（薄仙慧和吴联生，2011）。会计师事务所出具的审计意见，不仅对上市公司和投资者决策产生重大影响，也直接关系到审计质量的优劣。审计意见主要分为标准无保留意见、带强调事项段的无保留意见、保留意见、无法表示意见以及否定意见这五类。而除了标准无保留意见以外，一旦事务所出具了其他四项非标准无保留意见，就会产生非常大的影响。对于上市公司而言，非标准无保留意见的出具意味着事务所对上市公司的不认可，会使得上市公司的声誉受到极大的影响，可能导致市场投资者对公司失去信心，带来的将是市场股价的迅速下跌。而对于事务所而言，出具非标准无保留意见也是具有风险的，有可能会失去审计客户，也有可能面临管制风险和诉讼风险。也就是说，事务所一般并不会出具非标准无保留意见，而一旦出具，则表明上市公司的经营中的确出现了重大问题。

Johl 等（2007）发现，上市公司盈余管理的程度越高，那么被出具非标准无保留意见的可能性就越大。杨秀艳和郑少锋（2007）也都提供了同样的经验证据，认为伴随着上市公司盈余管理程度的增高，事务所出具非标准无保留意见的概率也会相应变大。可见，会计师事务所具有发现上市公司盈余管理行为的能力，虽然出具非标准无保留意见是有风险的，但是在职业道德和工作准则的约束下，事务所依然会依据事实出具非标准无保留意见。而对于上市公司而言，由于知道审计意见所能够产生的后续作用，尤其是不良审计意见会产生的经济后果，其行为就会受到一定程度的制约，不会盲目地进行盈余管理。审计意见对真实盈余管理行为同样产生约束作用，上市公司不会冒着被出具非标准无保留意见的风险而贸然进行真实盈余管理。尤其是当会计师事务所是常任期时，真实盈余管理一定会在未来被会计师审核出来，因此盲目的真实盈余管理行为换来的也许是不良审计意见所产生的远大于当前收益的损失。金玉娜（2012）也认为，真实盈余管理可能会使得公司的经营处于异常状态，具有较高的审计风险，极有可能被出具更差的审计意见。也就是说，审计意见对于上市公司存在一种威慑力，从而会使得公司不会轻易地操弄真实盈余。因此，本书提出研究假说如下。

研究假说3：审计意见与上市公司真实盈余管理程度间存在显著的正相关关系，即若事务所出具的是非标准无保留意见，则上市公司真实盈余管理程度更高；而若事务所出具的是标准无保留意见，则上市公司真实盈余管理程度更低。

4. 审计收费与真实盈余管理

审计收费是事务所在执行审计业务时，对审计客户提供专业服务而获取的对价关系（O'Keefe et al.，1994）。虽然审计收费的高低主要与事务所的工作量相关，但与前文中提到的事务所规模一样，审计收费也是事务所工作质量以及能力水平的一种体现，同样可以作为衡量审计治理的重要指标（Palmrose，1986）。对于事务所，尤其是优秀的事务所而言，一方面，高额的审计收费会刺激审计人员的工作积极性，使得事务所提供更优质的审计服务；另一方面，优秀的事务所会对自己提供的审计服务充满信心，认为自己可以对审计客户负责，也可以对市场投资者负责，也就是说认为自己的工作是与高额的审计收费相符的，也就是所谓的"好货不便宜"。

Francis 和 Simon（1987）明确地指出了审计收费与审计质量间存在正相关的关系，而上官鸣和王瑞丽（2010）也发现审计费用与盈余管理间存在负相关的关系。可见，当上市公司给予事务所高额的审计费用时，一方面是对事务所审计服务的一种认可，另一方面也给予了事务所认真进行审计工作的一种外在压力。尤其是在当前审计信息公开化的情况下，事务所低价揽客的成本和风险都在增大，因此其在索取了高额的审计报酬的情况下，就需要承担审计报酬所代表的审计压力和审计风险，所以也就会对上市公司通过盈余管理而获得个人私利的这种行为格外关注和警惕。从真实盈余管理视角来看，审计费用较高的上市公司通常具有较大的资产规模以及较多的经营活动往来，这就使得上市公司操弄真实盈余的概率增大，因此收取了高额审计费用的事务所，就会付出更多的努力和关注，对于上市公司的日常经营活动进行额外的监督，从而保证自身提供的审计服务是"好货"。因此，本书提出研究假说如下。

研究假说4：审计收费与上市公司真实盈余管理程度间存在显著的负相关关系，即事务所审计收费额度越大，上市公司真实盈余管理程度越低。

7.1.3 研究设计

1. 被解释变量：真实盈余管理（$|RM|$）

真实盈余管理计量模型参考前文中 Roychowdhury（2006）原始模型及李彬等（2009）修正后的，分别对销售操控、费用操控及生产操控进行度量后的真实盈余管理绝对值衡量。

2. 解释变量：审计监督（*Audit*）

（1）事务所规模（*ASize*）：以当年度样本公司选择的会计师事务所规模的虚拟变量定义，即若其事务所为国际四大会计师事务所，则 $ASize=1$，否则 $ASize=0$。

（2）事务所更迭（*ASwitch*）：以当年度样本公司是否更换会计师事务所的虚拟变量定义，即若当年度样本公司的会计师事务所与上年度的会计师事务所并非同一家，则 $ASwitch=1$，否则 $ASwitch=0$。

（3）审计意见（*ATyp*）：以当年度会计师事务所为样本公司提供的审计意见的虚拟变量定义，即若事务所提供的为非标准无保留意见（即保留意见、保留意见加事项段、无保留意见加事项段、无法发表意见），则 $ATyp=1$，否则若事务所提供的为标准无保留意见，则 $ATyp=0$。

（4）审计收费（*AFee*）：以当年度样本公司给予事务所的年度审计报酬总额衡量，并对其取自然对数（ln（*AFee*））。

3. 控制变量

为控制其他因素对真实盈余管理的影响，本书参考 Roychowdhury（2006）、Cohen 等（2008）、李彬等（2009）及李婉丽等（2011）的相关研究，加入资产能力（ln（*Size*））、盈利能力（*Profit*）、负债能力（*Debt*）、股权集中能力（*H*10）、筹资能力（*Fn*）以及行业虚拟变量（*Indu*）作为实证模型的控制变量，具体各变量的解释如下。

（1）资产能力（*Size*）：根据样本公司年末资产总额值衡量，并对其取自然对数（ln（*Size*））。

（2）盈利能力（*Profit*）：根据样本公司年末的每股收益值衡量。

（3）负债能力（*Debt*）：根据样本公司年末负债总额与资产总额的比值

衡量。

(4) 股权集中能力 ($H10$): 根据样本公司年末赫芬达尔 (Herfindahl_10) 指数值衡量，即上市公司当年度年末前十大股东持股比例平方和。

(5) 筹资能力 (Fn): 根据样本公司年末筹资活动现金净流量与经营活动现金净流量及投资活动现金净流量之和相比的虚拟变量衡量，即若年末筹资活动现金净流量大于经营活动现金净流量和投资现金净流量之和，则 $Fn=1$，否则 $Fn=0$。

(6) 行业变量 ($Indu$): 根据样本公司所属行业的虚拟变量衡量，若样本公司所属行业为制造业，则 $Indu=1$，否则，$Indu=0$。

4. 实证模型

根据研究需要与所选变量，构建相应的实证模型。

$$|RM_{i,t}| = \alpha_1 Audit_{i,t} + \alpha_2 \ln(Size)_{i,t} + \alpha_3 Profit_{i,t} + \alpha_4 Debt_{i,t} + \alpha_5 H10_{i,t} + \alpha_6 Fn_{i,t} + \alpha_7 Indu_{i,t} + C + \varepsilon_{i,t} \quad (7.1)$$

在公式 (7.1) 中，变量 $Audit$ 将根据对外部审计的分类分别选择变量 $ASize$、$ASwitch$、$ATyp$ 以及 $AFee$。C 为常数项，ε 为残差项，α 为待估系数。

5. 数据说明

本节在剔除缺失审计数据且无法补充样本的基础上，检验 2007—2014 年的 10445 个样本的外部审计与真实盈余管理的关系。本节主要数据来源分别包括锐思金融数据库、国泰君安数据库及色诺芬经济金融数据库。

7.1.4 实证回归结果

1. 描述性统计结果

表 7-1 给出本节变量的描述性统计情况。变量 $ASize$ 均值为 0.566，表明本节样本中有超过一半的上市公司选择了国际“四大”或国内“十大”作为其会计师事务所，说明更多上市公司更加信任大规模会计师事务所的审计工作；变量 $ASwitch$ 均值为 0.184，表明本节样本中仅有不到两成的上市公司在样本年度中更换了会计师事务所，说明更多上市公司依然选择信任原有的会计师事务所；变量 $ATyp$ 均值为 0.023，表明本节样本中仅有 2.3% 的上市公司被出具了非标准无保留意见，大部分上市公司得到的都标准无保留的审计意见；变量 $AFee$ 均值

为13.363，表明本节样本中上市公司给予其会计师事务所的审计费用平均约为64万元。在控制变量中，变量ln（*Size*）均值为21.915，表明样本公司的资本总额平均约为33亿元；变量*Profit*均值为0.306，表明样本公司的平均每股收益约为0.3元；变量*Debt*均值为0.486，表明样本公司的平均资产负债率为48.6%；变量*H10*均值为0.169，表明样本公司的股权集中度并不高；变量*Fn*均值为0.543，表明样本中有超过一半上市公司的年末筹资活动现金净流量大于经营活动现金净流量和投资现金净流量之和；变量*Indu*均值为0.595，表明样本中有近六成上市公司属于制造业行业。

表7-1　描述性统计结果

变量	样本量	均值	中位数	最大值	最小值	标准差
|*RM*|	10445	0.333	0.195	8.998	0.000	0.505
ASize	10445	0.566	1.000	1.000	0.000	0.496
ASwitch	10445	0.184	0.000	1.000	0.000	0.388
ATyp	10445	0.023	0.000	1.000	0.000	0.149
AFee	10445	13.363	13.305	24.279	11.513	0.586
ln（*Size*）	10445	21.915	21.798	27.547	14.942	1.166
Profit	10445	0.306	0.226	14.580	-4.820	0.547
Debt	10445	0.486	0.494	4.026	0.007	0.205
H10	10445	0.169	0.137	0.800	0.000	0.124
Fn	10445	0.543	1.000	1.000	0.000	0.498
Indu	10445	0.595	1.000	1.000	0.000	0.491

2. **相关性分析**

表7-2给出本节样本主要变量的相关性检验结果。可以看出，被解释变量|*RM*|与解释变量*ASize*间存在负相关关系，与变量*ASwitch*间存在正相关关系，与变量*ATyp*间存在正相关关系，与变量*AFee*间存在负相关关系，且均可以通过常规置信水平的显著性检验，这表明相较于变量*ASize*取值为0，变量*ASize*取值为1时，被解释变量|*RM*|取值更低；相较于变量*ASwitch*取值为1，变量*ASwitch*取值为0时，被解释变量|*RM*|取值更低；相较于变量*AT-*

yp 取值为 1，变量 *ATyp* 取值为 0 时，被解释变量 |*RM*| 取值更低；变量 *AFee* 取值越高，则被解释变量 |*RM*| 取值更低。相关性检验的结果初步验证了前文的研究假说。

表 7-2 相关性分析

	|*RM*|	*ASize*	*ASwitch*	*ATyp*	*AFee*
|*RM*|	1				
ASize	-0.030***	1			
ASwitch	0.052***	0.099***			
ATyp	0.018*	-0.002	0.028***	1	
AFee	-0.004*	0.216***	-0.044***	-0.016*	1
ln（*Size*）	-0.059***	0.136***	-0.022**	-0.093***	0.682***
Profit	0.098***	0.044***	-0.015*	-0.165***	0.159***
Debt	0.021**	-0.012	0.026***	0.106***	0.227***
H10	0.066***	0.083***	0.025**	-0.067***	0.188***
Fn	-0.017*	0.013	-0.017*	0.018*	0.060***
Indu	0.001	0.037***	-0.007	0.006	-0.084***

	ln（*Size*）	*Profit*	*Debt*	*H10*	*Fn*	*Indu*
|*RM*|						
ASize						
ASwitch						
ATyp						
AFee						
ln（*Size*）	1					
Profit	0.263***	1				
Debt	0.390***	-0.162***	1			
H10	0.309***	0.147***	0.026***	1		
Fn	0.112***	-0.076***	0.113***	-0.023**	1	
Indu	-0.130***	-0.01	-0.152***	-0.065***	0.029***	1

注：***、**、*分别表示 1%、5% 和 10% 置信水平下通过显著性检验。

同时，从解释变量与控制变量以及控制变量之间的相关系数值来看，各数值并不高，这表明纳入同一回归模型的变量间并不存在明显的多重共线性问题。

3. 单变量检验

表7-3给出根据变量 *ASize*、*ASwitch*、*ATyp*、*AFee* 进行的单变量检验结果。在以变量 *ASize* 为标准进行的分组检验结果中，大规模会计师事务所组的真实盈余管理程度明显低于小规模会计师事务所组，且能够通过常规置信水平的显著性检验，表明大规模会计师事务所能够抑制真实盈余管理；在以变量 *ASwitch* 为标准进行的分组检验结果中，未更迭会计师事务所组的真实盈余管理程度明显低于更迭会计师事务所组，也能够通过常规置信水平的显著性检验，表明长任期会计师事务所能够抑制真实盈余管理；在以变量 *ATyp* 为标准进行的分组检验结果中，非标准无保留审计意见组的真实盈余管理程度明显比标准无保留审计意见组更高，同样能够通过常规置信水平的显著性检验，表明会计师事务所能够利用审计意见呈现上市公司的真实盈余管理程度；在以变量 *AFee* 为标准进行的分组检验结果中，高审计费用组的真实盈余管理程度比低审计费用组更低，也可以通过常规置信水平的显著性检验，表明随着审计费用的增加，真实盈余管理程度降低。单变量检验结果验证了前文的研究假说。

表7-3 单变量检验结果

变量	分组指标	样本量	均值	*T* 值
|*RM*|	*ASize* = 0	4528	0.351	3.082***
	ASize = 1	5917	0.320	
|*RM*|	*ASwitch* = 0	8523	0.321	-5.296***
	ASwitch = 1	1922	0.388	
|*RM*|	*ATyp* = 0	10207	0.332	-1.81**
	ATyp = 1	238	0.393	
|*RM*|	低 *AFee*	4992	0.340	2.112**
	高 *AFee*	5453	0.327	

注：变量 *AFee* 分组标准为中位数，***、**、* 分别表示1%、5%和10%置信水平下通过显著性检验。

4. 多元回归检验

表 7 - 4 列出本节样本的回归检验结果。各回归结果的 F 统计量均可以通过 1% 置信水平的显著性检验，表明被解释变量的实际值与预测值的分布并未存在明显差异，从而判定各回归检验结果的拟合程度较好。

表 7 - 4 多元回归检验结果

	结果 1	结果 2	结果 3	结果 4
ASize	-0.021** (0.010)			
ASwitch		0.075** (0.033)		
ATyp			0.059*** (0.013)	
AFee				-0.087*** (0.011)
ln (*Size*)	-0.072***	-0.072***	-0.072***	-0.105***
Profit	0.135***	0.138***	0.135***	0.139***
Debt	0.264***	0.260***	0.262***	0.282***
H10	0.386***	0.384***	0.375***	0.394***
Fn	0.003	0.003	0.004	0.005
Indu	0.003*	0.002*	0.002*	0.002*
C	1.680***	1.678***	1.671***	1.221***
Adj R^2	0.033	0.033	0.035	0.038
F	51.252***	51.333***	53.862***	59.298***

注：***、**、* 分别表示 1%、5% 和 10% 置信水平下通过显著性检验，括号内为系数值的标准误差值。

具体到各解释变量的回归结果，变量 *ASize* 与被解释变量 $|RM|$ 之间表现出负相关关系，且能够通过常规置信水平的显著性检验，这表明相较于小规模的会计师事务所，大规模会计师事务所审计的上市公司的真实盈余管理程度更低，也就是说若上市公司的会计师事务所为国际“四大”或国内“十大”，则其接到更高质量的审计，从而真实盈余管理程度更低，这一

回归结果验证了前文的研究假说1；变量 *ASwitch* 与被解释变量 $|RM|$ 之间则表现出正相关关系，也能够通过常规置信水平的显著性检验，这表明相较于新会计师事务所，旧会计师事务所存在对上市公司真实盈余管理的抑制作用，可见新任事务所存在为了讨好客户而与审计客户同盟的现象，从而为了满足客户私利，并不能抑制真实盈余管理，反而任期长的会计师事务所能够保证足够好的审计质量，使得上市公司不能随意进行真实盈余管理，这一回归结果补充完善了前文的研究假说2；变量 *ATyp* 与被解释变量 $|RM|$ 之间也表现出正相关关系，同样可以通过常规置信水平的显著性检验，这表明若上市公司被会计师事务所出具了非标准无保留审计意见，则相应的真实盈余管理程度更高，也就是说会计师事务所会利用审计意见的方式向外界传递上市公司真实盈余管理程度的高低，若事务所发现上市公司存在较为严重的真实盈余管理行为，就会以出具非标准无保留意见的形式，向外界传递这一信息，从而可见审计意见的出具起到了对于真实盈余管理行为的警示作用，这一回归结果验证了前文的研究假说3；变量 *AFee* 与被解释变量 $|RM|$ 之间则表现出负相关关系，也能够通过常规置信水平的显著性检验，这表明会计师事务所的审计收费越高，上市公司真实盈余管理程度会越低，也就是说会计师事务所在因提供了高质量审计服务而获得更高的审计费用的同时，也会发现和抑制上市公司存在的真实盈余管理行为，这一检验结果验证了前文的研究假说4。

从本节的经验证据来看，大规模的事务所、任期时间长的事务所以及审计收费高的事务所，都能够对上市公司的真实盈余管理行为产生抑制作用，而且事务所可以通过出具非标准无保留意见来向证券市场传递上市公司进行了真实盈余管理行为的信息。所以可以看出，事务所的审计行为，尤其是高质量的审计行为，是可以抑制上市公司真实盈余管理行为的。在高质量的审计行为面前，上市公司在进行真实盈余管理时，一方面需要付出更高的成本，另一方面也需要考虑真实盈余管理行为被发现后所需要承担的额外风险，从而就不会轻易地进行高程度的真实盈余管理。可见，审计行为能够对真实盈余管理产生相应的抑制作用，本节的经验证据表明，并不存在利用真实盈余管理逃避高质量审计行为的状况。因此从外部审计的视角，上市公司利用真实盈余管理替代应计盈余管理的原因在于逃避外部监管，是不成立的。

而在控制变量的检验结果中，变量 ln（*Size*）与被解释变量 $|RM|$ 间存在显著的负相关关系，即资产规模越大的上市公司，真实盈余管理程度越低；变量 *Profit* 与被解释变量 $|RM|$ 间存在显著的正相关关系，即盈利能力越强的上市公司，真实盈余管理程度越高；变量 *Debt* 与被解释变量 $|RM|$ 间存在显著的正相关关系，即资产负债率越高的上市公司，真实盈余管理程度越高；变量 *H*10 与被解释变量 $|RM|$ 间存在显著的正相关关系，即股权集中度越高的上市公司，真实盈余管理程度越高；变量 *Fn* 与被解释变量 $|RM|$ 间存在正相关关系，但未能通过常规置信水平的显著性检验，说明筹资能力与真实盈余管理程度的关系并不明确；变量 *Indu* 与被解释变量 $|RM|$ 间的关系能够通过常规置信水平的显著性检验，表明行业因素对真实盈余管理产生了相应的影响。

另外，为检验研究结论的稳健性，本节进行相应的稳健性检验。首先，将样本上市公司进行分组，分别组成深圳证券市场公司样本、上海证券市场公司样本及中小板公司样本后进行回归检验；其次，控制上市公司年度因素后分别进行回归检验；最后，为消除样本公司中极端样本的影响，本书分别对处于 0 ~ 1% 和 99% ~ 100% 的极端值样本进行处理后进行回归检验。从稳健性检验结果来看，不同稳健性回归检验的结果并未出现明显的差异，从而可以认为基于稳健性检验的结果，本节的研究结论是稳健的。

7.1.5　结论

真实盈余管理是一种新的盈余管理手段，是上市公司管理层有意采用非最优经济活动进行的盈余管理，通过构造真实交易以及控制交易时间以调节盈余的行为。随着《萨班斯-奥克斯利法案》的发布，很多文献发现上市公司会利用真实盈余管理替代传统的应计盈余管理，从而避免外部审计的监管。那么在中国上市公司中，外部审计行为会对真实盈余管理产生什么样的影响，是否是上市公司替代应计盈余管理的原因，就是本书希望回答的问题。因此，本书实证检验了审计行为与上市公司真实盈余管理程度间的关系。研究发现，审计行为能够在一定程度上抑制上市公司的真实盈余管理。具体而言，若会计师事务所为国际“四大”或国内“十大”、未更迭、审计收费更高，则上市公司真实盈余管理程度更低；而若会计师事务所出具了非标准无保留意见，则上市公司的真实盈余管理程度更高。本节的研究结论表明，在中国上市公司中，并不存在因为逃避外部审计行为而利用真实盈余管理替代应计盈余管理的状况。

真实盈余管理行为具有一定的隐蔽性，一方面真实盈余管理并非像应计盈余管理那样直接操弄定期报告，另一方面真实盈余管理还并没有被市场投资者广泛熟悉，这就给上市公司管理层利用真实盈余管理获利带来了空间和机会。从本书的经验证据来看，审计行为能够对真实盈余管理产生一定的制约性，但在现实状况中，审计行为只能作为外部监管对上市公司的一种威慑手段，而且上市公司进行真实盈余管理也存在很多途径和方式，所以审计行为如何在实际运行中对真实盈余管理行为产生系统有效的监管和抑制，就应是需要进一步研究、关注的问题。另外，审计行为是一种外部直接的监管行为，除了直接的监管，外部制度环境中存在的隐形监管行为能否对真实盈余管理产生一定的抑制作用，也是下一步将研究的问题。

7.2 制度环境监管与真实盈余管理

7.2.1 引言

制度环境监管同样属于上市公司的外部监管，但与外部审计的显性监管相比，制度环境属于隐性的监管，是通过潜移默化地改变上市公司外部所处的环境，而改变其公司治理的体系。具体而言，制度环境是存在于公司外部，对公司所处的政治、经济、法律等规则的构建，形成公司经营与交易的制度，以便为公司的发展提供外部的治理保障。通常，完美的外部制度环境能够降低公司的交易成本与管理成本，是使公司保持长久竞争能力的关键因素。从La Porta等（1998）的一系列研究开始，制度环境的研究，尤其是将“法”与“金融”联系在一起的研究，逐渐开始被学术界关注。

在国外的相关研究中，通常假定一个国家内部的制度环境是相同的，这是因为一个国家内部的企业所面临的政治环境、法律体系、经济制度等都不存在差异，从而对制度环境的研究，大多是分国别进行的。然而，在中国资本市场中，虽然中国 A 股市场并不允许非国内注册企业上市，所有的上市公司在经营市场与资本市场面临的整体政治环境与法律体系是相同的，但是由于中国地域幅员辽阔，不同省市间的经济发展状况差异非常大。改革开放以来，东部沿海地区就成为中国经济发展的先锋，而中西部地区的经济发展状况明显落后于东部地区。尤其是东部沿海地区在发展初期，得到了非常多的政策优惠，其市场的开放程度也表现得明显高于其他地区。所以，虽然中国上市公司面临的整体制度环境相似，但不同省市由于经济发展程度的差异以及政府执行力的差异，其上市公司面临的法律执行力、政府干预程度、市场竞争程度等其实差距非常大。因此，中国不同省市的发展差异，也为基于制度环境视角研究中国上市公司的财务与治理问题提供了空间。

从已有关注制度环境与盈余管理的文献来看，张岗和陈旭东（2014）的研究发现，较高的市场化进程能够对上市公司的应计盈余管理行为产生抑制作用；贺琛等（2014）也表明，制度环境的完善对管理层利用自身权力实施应计盈余管理的行为具有明显的制约作用。可见，制度环境的约束能够对应计盈余管理产生相应的制约作用。那么，制度环境的约束对真实盈余管理产生了什么样的作用？王亮亮等（2013）就发现，市场化进程能够抑制真实盈余管理，而且还能够削弱真实盈余管理与未来业绩之间的负向关系；而张泽南和马永强（2014）则指出，市场化进程的强弱会对不同产权性质公司的高管盈余管理行为产生影响，而且会促使管理层在应计盈余管理与真实盈余管理之间做出选择；但陈克兢等（2016）的经验证据却表明，完善的制度环境能够抑制上市公司的应计盈余管理，但却诱发了真实盈余管理，表明上市公司会利用真实盈余管理逃避外部监管。所以，如果制度环境的约束同样能够对真实盈余管理产生作用，就意味着上市公司通过真实盈余管理替代应计盈余管理并不是为了逃避外部监管，反之则表明上市公司会通过操弄真实盈余的方式逃避外部监管的压力，以达到自身盈余管理的目的。

因此，本节将检验外部制度环境对真实盈余管理所产生的影响。需要指出的是，已有文献针对制度环境进行的检验，大都采用樊纲等（2011）提供的市场化进程指数，但该指数仅提供到2009年，并没有其后年度的指数。于是，有的文献基于制度环境相对稳定的思想，利用2009年指数衡量后续年度的制度环境程度，还有的文献通过移动平滑的方法对后续指数进行估算，但这就会出现一定程度上的差异。然而，在2016年，王小鲁等（2016）推出了《中国市场化八年进程报告》，给出了新的市场化进程指数，而且测算使用的数据资料和方法都与樊纲等的存在一定的差别，因此本书利用王小鲁等提供的最新市场化进程指数进行相应的研究，以期得到最新的结论。

7.2.2 理论分析与研究假说

企业在经营过程中会受到内部与外部不同的治理机制的约束，其中外部治理环境主要包括产权保护、政府治理、法制水平、市场竞争、信用体系、契约文化等多方面（夏立军和方铁强，2005；严太华和王欣，2008）。作为外部一种隐形的监管，制度环境主要基于政治体制、法律体制、政策体制以及政府与企业关系等方面发挥相应的作用。在不同的制度环境中，企业受到的约束条件是不同的。一方面，外部制度环境存在差异，使得企业与政府之间的关系存在差异。在外部制度环境好的地区，企业受到政府的干预较少，可以根据自身实际情况选择经营策略；但在外部制度环境不好的地区，企业可能会受到更多的政府干预，也可能因为利益因素与政府进行“勾结”，但其经营决策一定是偏离正常决策的。另一方面，在不同的制度环境中，市场投资者得到的保护程度也存在极大差异。在外部制度环境较好的地区，由于存在隐形的监管压力，法律执行力也较高，上市公司随意攫取普通市场投资者利益的行为极少，市场投资者利益被保护得较好，从而市场投资者对上市公司支持力度较高；然而在外部制度环境较差的地区，情况则会相反，由于市场投资者的利益得不到很好的保障，上市公司会随意地通过各种手段攫取市场投资者的利益。

已有文献的研究也表明，制度环境会对上市公司的财务行为与治理行为产生明显的影响，会以一种外部治理监管行为的方式存在并发挥相应的作用。例如 La Porta 等（1998，2002）的一系列研究就发现，制度环境能够影响上市公司的公司治理质量以及资本市场的发展，尤其是对上市公司在资本市场中的收益状况产生明显的影响。刘凤委等（2007）指出，制度环境会对上市公司的关联交易行为产生影响，在市场发育不完善的制度环境中，上市公司会更多地利用关联交易。雷光勇和刘慧龙（2007）则发现，制度环境的差异能够对上市公司的现金股利分配行为产生影响。而甄红线等（2015）指出，制度环境的改善，能够在一定程度上提升上市公司的绩效水平。同样，制度环境的差异也会对会计信息披露产生实质性的影响。Leuz 等（2003）就发现，外部投资者的法律权利及其实施质量与会计收益的特性相关。姜英兵和严婷（2012）也指出，制度环境越好——地区市场化水平越高、法律保护越好、政府干预越少、社会资本水平越高——则该地区上市公司的会计信息质量越高，从而会计准则在该地区的执行效果就越好。

其实，制度环境的存在与作用是“无形的手”与“有形的手”的一种有机结合。“无形的手”既体现为一种对上市公司隐形监督而产生的约束力与震慑力，也体现为增加了上市公司行为的成本；而“有形的手”则既体现为外界法律执行力度的增加，也体现为相应监管部门行政执行力度及相关行政法规的统一。因此，制度环境对真实盈余管理的影响首先体现为隐性监管压力的增加。制度环境的提升会对真实盈余管理产生相应的监管作用，会通过对上市公司所处环境的改善，影响上市公司的直接行为。第一，随着外部制度环境的提升，上市公司所面临的信息披露环境会变得要求更高，从而就不能轻易而且随意地隐藏信息、选择性披露或是择时披露（胥朝阳和刘睿智，2014；肖浩，2015），因为在好的制度环境中，隐藏信息所获得的收益往往很可能远小于隐藏行为被揭发后所需承担的成本。于是，此时上市公司在操纵真实盈余时就需要在真实盈余管理的收益与成本之间进行权衡与取舍。第二，随着制度环境的提升，外部法律环境的执行力度也在相应提升，而且法律执行标准也更为统一，这就意味着上市公司不会拥有比其他非上市企业更多的“法律豁免权”，甚至上市公司面临的法律执行压力更大。而且，法律执行力的统一也意味着上市公司操纵真实盈余面临的法律压力与应计盈余并无差别，上市公司不会因为真实盈余管理的特征或差异化而逃脱法律的惩罚。第三，随着制度环境的提升，行政干预程度会相应降低，但行政法规的执行力度却在增加。相关监管部门不会随意干涉上市公司的经营行为，却会利用行政法规严肃上市公司的不正当行为或违规行为，从而使上市公司在操纵真实盈余时的外部约束力大大增加。也就是说，上市公司操纵真实盈余的外部成本随着制度环境的提升而大大增加。第四，从盈余管理的目的来看，攫取利益是上市公司主动操弄盈余的重要目标。上市公司通过盈余管理的行为，有意或无意地侵占了中小股东的利益，尤其是普通市场投资者的利益（张祥建和郭岚，2006；李宁和刘玉红，2009）。然而，随着外部制度环境的提升，中小股东的利益得到了极大地保护，这就意味着上市公司真实盈余管理的收益会极大地被缩减，上市公司无法通过真实盈余管理获得理想中的收益，从而就会寻觅新的攫取方式。而在外部制度环境提升的过程中，操弄真实盈余的成本又在相应增加，从而上市公司就会选择放弃一定程度上“得不偿失”的真实盈余管理。因此，本书提出研究假说如下。

研究假说：制度环境与上市公司真实盈余管理程度间存在显著的负相关关系，即上市公司所处地区的制度环境越好，上市公司真实盈余管理程度越低。

7.2.3 研究设计

1. 被解释变量：真实盈余管理（$|RM|$）

真实盈余管理计量模型参考前文中 Roychowdhury（2006）原始模型及李彬等（2009）修正后的，分别对销售操控、费用操控及生产操控进行度量后的真实盈余管理绝对值衡量。

2. 解释变量：制度环境（*Envir*）

本书以王小鲁等（2016）最新提供的《中国市场化八年进程报告》中给

出的各省市市场化指数评分和排名衡量上市公司所处地区的制度环境。其中，第一个制度环境指标（*Envir*1）根据王小鲁等提供的指数实际值衡量，但王小鲁等只提供了 2008 年、2010 年、2012 年以及 2014 年的指数，因此，2009 年、2011 年以及 2013 年的指数，本书分别通过平均数求得。

2009 年、2011 年以及 2013 年度的变量为本书自己推算所得，肯定与实际值存在一定的差别，但是考虑到市场化进程具有一定的稳定性，而且不同省市间的市场化进程虽然实际变动存在一定差别，但相对变动会较小，因此本书根据不同年度、不同省市市场化指数的排序，以赋值的方法设立第二个制度环境指标（*Envir*2）。因此，本书参考林川和曹国华（2013）的赋值方法，具体不同年度、不同省市的赋值如表 7－5 所示。

表 7－5　不同年度、不同省市制度环境赋值

排序	2008—2009 年	2010—2011 年	2012—2013 年	2014 年	赋值
1～6	上海、浙江、江苏、广东、北京、山东	上海、江苏、浙江、广东、北京、天津	江苏、浙江、天津、上海、广东、北京	浙江、上海、江苏、广东、天津、北京	5
7～12	福建、天津、辽宁、安徽、河南、重庆	山东、福建、辽宁、河南、安徽、重庆	山东、福建、重庆、辽宁、河南、安徽	山东、福建、重庆、安徽、湖北、辽宁	4
13～18	四川、吉林、广西、河北、江西、湖北	四川、江西、湖北、吉林、湖南、广西	湖北、广西、吉林、四川、黑龙江、江西	河南、江西、湖南、四川、广西、吉林	3
19～24	湖南、黑龙江、内蒙古、云南、贵州、山西	河北、云南、黑龙江、山西、海南、内蒙古	湖南、河北、海南、内蒙古、陕西、山西	陕西、黑龙江、河北、海南、山西、宁夏	2
25～31	陕西、海南、宁夏、甘肃、新疆、青海、西藏	陕西、宁夏、贵州、甘肃、新疆、青海、西藏	云南、宁夏、贵州、甘肃、新疆、青海、西藏	内蒙古、云南、贵州、甘肃、新疆、青海、西藏	1

3. 控制变量

与前文一致，本书参考 Roychowdhury（2006）、Cohen 等（2008）、李彬

等（2009）及李婉丽等（2011）的相关研究，加入资产能力（ln（*Size*））、盈利能力（*Profit*）、负债能力（*Debt*）、股权集中能力（*H*10）、筹资能力（*Fn*）以及行业虚拟变量（*Indu*）作为实证模型的控制变量。

4. 实证模型

根据研究需要与所选变量，构建相应的实证模型。

$$\begin{aligned}|RM_{i,t}| = {} & \alpha_1 Envir_{i,t} + \alpha_2 \ln(Size)_{i,t} + \alpha_3 Profit_{i,t} + \alpha_4 Debt_{i,t} \\ & + \alpha_5 H10_{i,t} + \alpha_6 Fn_{i,t} + \alpha_7 Indu_{i,t} + C + \varepsilon_{i,t} \end{aligned} \tag{7.2}$$

在公式（7.2）中，变量 *Envir* 将根据实际值与赋值分别选择变量 *Envir*1 与 *Envir*2，其他变量解释与前文一致。

5. 数据说明

由于王小鲁等提供的市场化指数是从 2008 年开始的，因此为保证数据的准确性，本节选择 2008—2014 年测度制度环境与真实盈余管理的 10136 个样本。本节主要数据来源分别包括锐思金融数据库、国泰君安数据库及色诺芬经济金融数据库。

7.2.4 实证回归结果

1. 描述性统计结果

表 7 - 6 给出本节变量的描述性统计情况。变量 *Envir*1 的均值为 7.200，变量 *Envir*2 的均值为 3.901，但从这两个变量的最大最小值来看，不同省市的市场化指数差异还是较大的，表明不同省市上市公司所感受到的外部治理环境差异较大。而在控制变量中，变量 ln（*Size*）均值为 21.936，表明本节样本公司资产规模均值约为 34 万元；变量 *Profit* 均值为 0.304，表明样本公司的平均每股收益约为 0.3 元；变量 *Debt* 均值为 0.486，表明样本公司负债总额约占资产总额的一半；变量 *H*10 均值为 0.170，表明样本公司的股权集中度并不高；变量 *Fn* 均值为 0.549，表明样本中有约 54.9% 的上市公司的年末筹资活动现金净流量大于经营活动现金净流量和投资现金净流量之和；变量 *Indu* 均值为 0.596，表明样本中有近六成上市公司属于制造业行业。本节控制样本的统计分布与前文并无实质性差异。

表 7-6　描述性统计结果

变量	样本量	均值	中位数	最大值	最小值	标准差
|*RM*|	10136	0.299	0.184	8.998	0.000	0.448
*Envir*1	10136	7.200	7.340	9.950	0.000	1.773
*Envir*2	10136	3.901	4.000	5.000	1.000	1.300
ln（*Size*）	10136	21.936	21.815	27.547	14.942	1.176
Profit	10136	0.304	0.220	14.580	-4.820	0.549
Debt	10136	0.486	0.493	4.026	0.007	0.207
*H*10	10136	0.170	0.138	0.800	0.000	0.125
Fn	10136	0.549	1.000	1.000	0.000	0.498
Indu	10136	0.596	1.000	1.000	0.000	0.491

2. 相关性分析

表 7-7 给出本节样本主要变量的相关性检验结果。从检验结果来看，被解释变量 |*RM*| 与解释变量 *Envir*1 之间表现为负向关系，而被解释变量 |*RM*| 与解释变量 *Envir*2 之间也表现为负向关系，且均可以通过常规置信水平的显著性检验，这表明变量 *Envir*1 及 *Envir*2 取值越大，则 |*RM*| 取值越小。相关性检验的结果初步验证了前文的研究假说。

表 7-7　相关性分析

	|*RM*|	*Envir*1	*Envir*2	ln（*Size*）
|*RM*|	1			
*Envir*1	-0.019**	1		
*Envir*2	-0.016*	0.902***	1	
ln（*Size*）	-0.070***	0.030***	-0.006	1
Profit	0.083***	0.049***	0.053***	0.255***
Debt	-0.005	-0.093***	-0.067***	0.406***
*H*10	0.064***	0.042***	0.047***	0.307***
Fn	-0.012	-0.023**	-0.035***	0.111***
Indu	-0.012	-0.012	-0.042***	-0.137***

续表

	Profit	*Debt*	*H10*	*Fn*	*Indu*
|*RM*|					
Envir1					
Envir2					
ln（*Size*）					
Profit	1				
Debt	-0.161***	1			
H10	0.148***	0.032***	1		
Fn	-0.078***	0.113***	-0.027***	1	
Indu	-0.017*	-0.158***	-0.073***	0.026**	1

注：***、**、*分别表示1%、5%和10%置信水平下通过显著性检验。

同时，从解释变量与控制变量以及控制变量之间的相关系数值来看，各数值并不高，这表明纳入同一回归模型的变量间并不存在明显的多重共线性问题。

3. **多元回归检验**

表7-8给出本节样本的回归检验结果。各回归结果的*F*统计量均能够通过1%置信水平的显著性检验，这说明被解释变量的实际分布与由解释变量及控制变量共同构成的预测分布之间并不存在明显的差异，从而可以看出各回归检验结果的拟合效果较好。

表7-8　多元回归检验结果

	结果1	结果2
Envir1	-0.004* (0.002)	
Envir2		-0.008*** (0.003)
ln（*Size*）	-0.062***	-0.062***
Profit	0.100***	0.101***
Debt	0.156***	0.158***

续表

	结果 1	结果 2
*H*10	0. 333***	0. 335***
Fn	0. 009	0. 009
Indu	-0. 013*	-0. 014*
C	1. 526	1. 537***
Adj R^2	0. 027	0. 027
F	40. 941***	41. 332***

注：***、**、*分别表示1%、5%和10%置信水平下通过显著性检验，括号内为系数值的标准误差值。

而从各回归检验结果具体的变量结果来看，在回归结果 1 中，变量 *Envir*1 与被解释变量 |*RM*| 之间表现出负相关关系，能够通过 10% 置信水平的显著性检验，这表明市场化指数越高，则相应的真实盈余管理程度越低；而在回归结果 2 中也出现相同的结果，变量 *Envir*2 与被解释变量 |*RM*| 之间也表现出负相关关系，且能够通过 1% 置信水平的显著性检验，这同样表明市场化指数越高，则上市公司真实盈余管理程度越低。从回归检验结果来看，外部制度环境对上市公司真实盈余管理行为产生了制约作用，即若上市公司所处地区的市场化进程越高，外部制度环境越为严格，相应的上市公司进行真实盈余管理的程度就越低。回归检验结果验证了前文的研究假说。

从本节的经验证据来看，良好的外部制度环境能够在一定程度上制约上市公司的真实盈余管理行为，这就表明真实盈余管理并非是无处可寻的，而是同样可以暴露在市场投资者与监管者面前，能够被良好的外部公司治理制度所制约的。因此，从外部治理监管的制度环境视角，上市公司利用真实盈余管理替代应计盈余管理的原因在于逃避外部监管是不成立的。

在控制变量的检验结果中，变量 ln（*Size*）与被解释变量 |*RM*| 间存在显著的负相关关系；变量 *Profit* 与被解释变量 |*RM*| 间存在显著的正相关关系；变量 *H*10 与被解释变量 |*RM*| 间存在显著的正相关关系；变量 *Fn* 与被解释变量 |*RM*| 间存在正相关关系，但却并未能通过常规置信水平的显著性检验；

变量 *Indu* 与被解释变量 $|RM|$ 间存在显著的负相关关系。控制变量的检验结果与前文基本一致。

另外，为检验研究结论的稳健性，本节进行了相应的稳健性检验。首先，使用樊纲等（2011）提供的市场化指数替代王小鲁等（2016）的指数衡量制度环境后进行回归检验；其次，将样本上市公司进行分组，分别组成深圳证券市场公司样本、上海证券市场公司样本及中小板公司样本后进行回归检验；最后，为消除样本公司中极端样本的影响，本书分别对处于 0 ~ 1% 和 99% ~ 100% 的极端值样本进行处理后进行回归检验。从稳健性检验结果来看，不同稳健性回归检验的结果并未出现明显的差异，从而可以认为基于稳健性检验的结果，本节的研究结论是稳健的。

7.2.5 结论

制度环境是企业存在的外部治理环境，良好的制度环境能够为企业提供一个有效的竞争市场以及更为规范的治理制度，从而降低企业发展过程中的障碍和壁垒；反之，更多的政府干预与不平衡的法律执行力则会阻碍企业发展。那么，制度环境所产生的监管效应，能否发现上市公司的真实盈余管理行为呢？本书实证检验了制度环境与真实盈余管理的关系。研究发现，制度环境对真实盈余管理产生了明显的制约作用，即上市公司所处地区的市场化程度越高，其真实盈余管理程度越低。本书的研究结论表明，制度环境所产生的外部隐性监管行为，能够发现与制约真实盈余管理行为，因此，在中国上市公司中，并不存在为了逃避外部治理监管行为而产生的利用真实盈余管理替代应计盈余管理的状况。

相较于审计行为，制度环境监管产生的是一种潜移默化的影响，通过营造一种外部的环境，让上市公司可以做或者是不可以做某些事情。在市场化进程较好的地区，由于上市公司与投资者之间的关系更为密切，上市公司的信息透明度也相对较高，从而使得上市公司无法做出随意隐瞒信息的行为，这也就保护了市场投资者，尤其是市场普通投资者的合法权益。因此，本节的经验证据对于市场普通投资者保护自身利益、选择合适的投资对象，也能够提供有意义的借鉴。

7.3 本章小结

应计盈余管理是上市公司传统的盈余管理方式，但是随着应计盈余管理逐渐被市场投资者发现，以及很多上市公司因操弄应计盈余而发生财务报告丑闻，越来越多的投资者开始厌倦上市公司的应计盈余管理行为，也要求审计等外部监管行为更为严格地发现上市公司的应计盈余管理行为，于是很多上市公司被迫开始转向更为隐蔽的真实盈余管理。那么，对于中国上市公司而言，用真实盈余管理替代应计盈余管理的原因是否在于存在严格的外部监管呢？本章选择分别基于外部监管中的显性监管行为——外部审计与隐性监管行为——制度环境，实证检验外部监管与真实盈余管理之间的关系。研究发现，外部监管行为能够显著地抑制真实盈余管理行为，这就意味着中国上市公司用真实盈余管理替代传统的应计盈余管理是为了规避外部监管的说法是不成立的。本章得出的研究结论如下。

第一，外部审计行为能够抑制真实盈余管理。本书实证检验审计行为与上市公司真实盈余管理程度间的关系发现，若会计师事务所为国际“四大”或国内“十大”、未更迭、审计收费更高，则上市公司的真实盈余管理程度更低；而若会计师事务所出具了非标准无保留意见，则上市公司的真实盈余管理程度更高。

第二，外部制度环境能够抑制真实盈余管理。本书实证检验制度环境与真实盈余管理的关系发现，上市公司所处地区的市场化程度越高，则真实盈余管理程度会越低。

8 基于规避内部监管因素视角的真实盈余管理原因分析

前文的经验证据表明，中国上市公司操弄真实盈余的行为会被外部监管因素所控制，这就表明上市公司无论是进行真实盈余管理还是应计盈余管理，都存在被外部审计及制度环境监管的现实，上市公司无法通过真实盈余管理规避外部的监管。那么，除了外部监管外，上市公司必然还会面临内部所产生的监管。虽然上市公司进行真实盈余管理可以获得相应的盈余收益，但不同股东之间所产生的相互制约作用、内部控制所产生的内部审计作用以及独立董事机制对公司行为产生的监控作用等，都会或多或少地让大股东及公司管理层不能随意地操弄真实盈余。因此，内部监管因素到底能否对真实盈余管理产生相应的作用，就是本章需要检验的内容。若内部监管因素无法对真实盈余管理产生抑制作用，那么结合已有文献研究的结论来看，中国上市公司用真实盈余管理替代应计盈余管理的原因就在于规避内部监管因素；而若中国上市公司的内部监管因素同样可以抑制真实盈余管理，则就并不能够说明中国上市公司利用真实盈余管理来规避内部监管。所以，本章将讨论内部监管因素在真实盈余管理替代应计盈余管理过程中产生的作用，第一步检验内部控制对真实盈余管理产生的作用，第二步检验独立董事特征对真实盈余管理的操弄所产生的作用。

8.1 内部控制与真实盈余管理

8.1.1 引言

内部控制从广义上来讲是指由企业董事会、管理层以及员工共同构建并实施的，目的在于合理保证实现企业基本目标的一系列控制性活动。而狭义的内部控制则更多是针对企业的内部会计控制，是指施控主体利用会计信息对资金运动进行的控制。所以，内部控制作为一种制度性的安排，已经成为对企业财务报告质量把关、保证财务报告真实性的可靠保证（Maksimovic and Titman，1991），其目的就是控制公司行为受到个别人或个别群体的干预而可能发生的意外或疏漏，因而通过高质量的财务报告辅助公司正常的运行。

其实，作为一种良好的内部抑制管理层行为的方式，良好的内部控制行为能够制约公司管理层对于应计盈余的操弄，已经是众多文献达成的共识：内部控制可以通过约束公司管理层的权力行为、交易行为等，抑制公司的应计盈余管理（Doyle et al.，2007；Chan et al.，2008；董望和陈汉文，2011；方红星和金玉娜，2011）。

然而，在《萨班斯-奥克斯利法案》颁布之后，很多上市公司管理层会主动将应计盈余管理转向真实盈余管理，会刻意地回避相应的监管。而内部控制会对真实盈余管理产生什么样的影响，部分文献对这一问题给予了相应的回答。曹国华和骆连虎（2015）的研究发现，内部控制质量的提升能够有效地抑制真实盈余管理行为。曹曦文（2016）得到的检验结果也具有相似性，认为内部控制能够在一定程度上对真实盈余管理产生抑制作用。但是，范经华等（2013）的研究却表明，内部控制对于真实盈余管理并没有表现出像抑制应计盈余管理一样的作用。由于与应计盈余管理相比，真实盈余管理是管理层误导市场投资者的行为，使市场投资者相信公司已经完成了既定的财务目标，并不会直接通过对财务报表的操弄改变公司的利润等，从而就不存在表面上的违规行为，也就很可能使得内部控制对真实盈余管理无法产生相应的制约作用。那么，真实盈余管理行为到底能否被内部控制发现并制约，就是本节要检验的问题。如果本节的检验结果发现高质量内部控制能够明显地抑制真实盈余管理，则表明并不存在上市公司通过真实盈余管理替代应计盈余管理以达到规避内部监管的目的的情形，反之无法证明高质量的内部控制能够减少真实盈余管理行为，则意味着上市公司会通过真实盈余管理逃避内部监管行为。

8.1.2 理论分析与研究假说

内部控制可以被定义为“一个过程”，即该过程的实施会受到企业权力机构制约，但其目的是增强财务报告的可靠性与法律遵从性，从而增加企业经营的成效，因此内部控制包含控制环节、风险评估、控制活动、信息与沟通、内部监督五个重要的组成部分（余宛泠和王启源，2015）。2001 年的“安然事件”与“世界通讯事件”爆发以来，内部控制的重要性逐渐地被市场投资者所关注，而《萨班斯-奥克斯利法案》的出台，以及 COSO（The Committee of Sponsoring Organizations of the Treadway Commission）发布的将风险管理引入内部控制体系的《企业风险管理整合框架》（*Enterprise Risk Management Framework*，*ERM*），其目的均是提升内部控制的质量，限制内部控制的实质性缺陷以及降低企业操弄盈余的行为。从逻辑层面来看，通常一个企业的内部控制系统表现得越为薄弱，其发布的财务报告中故意或无意的犯错概率越高，而这些错误就会体现在盈余质量上，从而对市场投资者产生误导（Doyle et al.，2007）。通常，内部控制的薄弱是企业进行盈余管理的重要原因之一，Chan 等（2008）、Goh 和 Li（2011）等均发现报告内部控制缺陷的公司比没有报告的公司存在更少的盈余管理行为，而且内部控制存在缺陷的企业的财务稳健性也明显更差。

虽然真实盈余管理操弄的对象并非是内部控制能够直接发挥监管与抑制作用的财务报表，但是内部控制与外部审计所产生的相互协调作用、对管理层行为的监管以及对整个公司治理效应的提升，都会对真实盈余管理产生抑制作用。

首先，良好的内部控制与外部审计之间能够形成相互的治理作用。内部控制与外部审计之间并非是替代关系，而是一种促进关系。很多已有文献证明，良好的外部审计行为是与强有力的内部控制相互伴随的，内部控制得好，就为外部审计所产生的监督作用提供了良好的基础与实施空间（方红星等，2009；杨德明和胡婷，2010）。于是，良好的内部审计能够与外部审计产生对真实盈余管理抑制的互补作用（外部审计行为能够对真实盈余管理产生抑制作用，这在本书第 7 章中已有阐述，而且其实证结果也给予了相应的验证）。

其次，从真实盈余管理操弄的对象来看，管理层会通过销售操控、费用操控及生产操控达到真实盈余管理的目的，而高质量的内部控制能够通过降低实际现金流低于期望值水平的程度而降低销售操控程度，通过提高操控性酌量费用的方式降低费用操控的偏离水平，通过降低操控性生产成本的方式降低实际生产成本高于期望值的程度。

再次，内部控制能够提升公司的综合治理水平。由于内部控制是为实现公司经营综合目标而实行的一系列政策制度，会贯穿公司经营涉及的全部活动，从而提升公司整体的治理水平。于是，如前文所述，内部控制活动既涵盖了公司的财务报告，也涵盖了真实盈余管理所涉及的销售业务、管理业务、资金活动业务等多个方面，这就使公司治理中不同利益群体希望利用不同层面的盈余管理而攫取私利的行为得到控制。因此，良好的内部控制同样可以抑制或减少管理层在销售、生产、支出等环节产生的错误行为，控制这几个方面所产生的随机报错可能，降低公司治理体系中存在的信息不对称及代理成本。

最后，内部控制能够减少真实盈余管理活动的空间。作为一种所有者对管理者制衡与监督的手段，内部控制能够保护股东及投资者的相关利益，因而内部控制能够利用企业内部环境所发挥的作用，通过良好的风险评估基准识别真实盈余管理所产生的风险，通过纵向与横向的内部监管对公司经营的各个环节进行实时监控，并能够在真实盈余管理发生之后的最短时间内产生有效的解决方案。

因此，本书提出如下研究假说。

研究假说：上市公司内部控制质量越高，则其真实盈余管理程度越低。

8.1.3　研究设计

1. 被解释变量：真实盈余管理（$|RM|$）

真实盈余管理计量模型参考前文中 Roychowdhury（2006）原始模型及李

彬等（2009）修正后的，分别对销售操控、费用操控及生产操控进行度量后的真实盈余管理绝对值衡量。

2. 内部控制（*IC*）

关于内部控制的衡量，不同的文献选择了不同的方法，例如厦门大学内部控制课题组发布的内部控制指数、迪博企业风险管理技术有限公司提供的内部控制指数、深圳证券交易所公布的信息披露质量指数等，然而这些相应指数的编制均在一定程度上具有编制方的主观意图，因而不同指数之间存在一定差异。加之考虑到数据的可得性，本书参考方红星等（2009）、杨有红和毛新述（2011）、张嘉兴和傅绍正（2014）等的研究，利用上市公司自愿披露内部控制信息的情况衡量内部控制质量，具体如下。

（1）内部控制指数 1（*IC*1）：若上市公司自愿披露了内部控制评价报告，便认为上市公司的内部控制质量较高，则 $IC1=1$，否则 $IC1=0$。

（2）内部控制指数 2（*IC*2）：若上市公司自愿披露的内部控制评价报告中指出内部控制存在缺陷，便认为上市公司的内部控制产生了作用，内部控制质量较高，则 $IC2=1$，否则 $IC2=0$。

3. 控制变量

与前文研究设计内容相似，为控制其他因素对真实盈余管理的影响，本书参考 Roychowdhury（2006）、Cohen 等（2008）、李彬等（2009）及李婉丽等（2011）的相关研究，加入资产能力（ln（*Size*））、盈利能力（*Profit*）、负债能力（*Debt*）、股权集中能力（*H*10）、筹资能力（*Fn*）以及行业虚拟变量（*Indu*）作为实证模型的控制变量，具体各变量的解释如下。

（1）资产能力（*Size*）：根据样本公司年末资产总额值衡量，并对其取自然对数（ln（*Size*））。

（2）盈利能力（*Profit*）：根据样本公司年末的每股收益值衡量。

（3）负债能力（*Debt*）：根据样本公司年末负债总额与资产总额的比值衡量。

（4）股权集中能力（*H*10）：根据样本公司年末赫芬达尔（Herfindahl_10）指数值衡量，即上市公司当年度年末前十大股东持股比例平方和。

（5）筹资能力（*Fn*）：根据样本公司年末筹资活动现金净流量与经营活

动现金净流量及投资活动现金净流量之和相比的虚拟变量衡量，即若年末筹资活动现金净流量大于经营活动现金净流量和投资现金净流量之和，则 $Fn=1$，否则 $Fn=0$。

（6）行业变量（*Indu*）：根据样本公司所属行业的虚拟变量衡量，若样本公司所属行业为制造业，则 $Indu=1$，否则，$Indu=0$。

4. 实证模型

根据本书的研究需要以及所设计的相应变量，本节构建相应的实证模型以检验前文的研究假说。

$$|RM_{i,t}| = \alpha_1 IC_{i,t} + \alpha_2 \ln(Size)_{i,t} + \alpha_3 Profit_{i,t} + \alpha_4 Debt_{i,t} + \alpha_5 H10_{i,t} + \alpha_6 Fn_{i,t} + \alpha_7 Indu_{i,t} + \mathrm{C} + \varepsilon_{i,t} \tag{8.1}$$

在公式（8.1）中，内部控制变量 *IC* 将根据对内部控制变量的设计，分别设定为 *IC*1 与 *IC*2。另外，公式（8.1）中，C 为常数项，ε 为残差项，α 为待估系数。

5. 数据说明

与前文相似，本书在剔除缺失内部控制的数据且无法补充的样本的基础上，最终得到2007—2014年测度内部控制与真实盈余管理关系的10912个样本。本节主要的数据来源分别包括锐思金融数据库、国泰君安数据库及色诺芬经济金融数据库。

8.1.4　实证回归结果

1. 描述性统计结果

表8-1给出本节变量的描述性统计状况。解释变量 *IC*1 均值为0.709，表明本节样本中有约七成的上市公司自愿披露了内部控制评价报告；而解释变量 *IC*2 均值为0.135，表明样本中有13.5%的上市公司披露的内部控制报告中指出了存在内部控制缺陷。而在控制变量中，变量 ln（*Size*）均值为21.924，表明本节样本的资产总额平均约为33.23亿元；变量 *Profit* 均值为0.309，表明本节样本的平均每股收益约为0.31元；变量 *Debt* 均值为0.489，表明本节样本的平均负债总额约占资产总额的一半；变量 *H*10 均值为0.170，表明本节样本的股权集中度并不高；变量 *Fn* 均值为0.545，表明本节样本中

有超过一半的上市公司的年末筹资活动现金净流量大于经营活动现金净流量和投资现金净流量之和；变量 *Indu* 均值为 0.595，表明本节样本中有 59.5%，即近六成的上市公司所属的行业门类是制造业。

表 8-1 描述性统计结果

变量	样本量	均值	中位数	最大值	最小值	标准差
|*RM*|	10912	0.337	0.198	8.998	0.000	0.511
*IC*1	10912	0.709	1.000	1.000	0.000	0.454
*IC*2	10912	0.135	0.000	1.000	0.000	0.342
ln (*Size*)	10912	21.924	21.799	27.547	17.879	1.155
Profit	10912	0.309	0.230	14.580	-4.820	0.549
Debt	10912	0.489	0.498	4.026	0.007	0.203
*H*10	10912	0.170	0.139	0.800	0.000	0.124
Fn	10912	0.545	1.000	1.000	0.000	0.498
Indu	10912	0.595	1.000	1.000	0.000	0.491

2. 相关性分析

表 8-2 给出本节样本主要变量的相关性检验结果。从检验结果来看，被解释变量 |*RM*| 与解释变量 *IC*1 之间存在显著的负相关关系，显著性为 1%；而被解释变量 |*RM*| 与解释变量 *IC*2 之间也存在显著的负相关关系，显著性同样为 1%，表明内部控制与真实盈余管理之间存在明显的负相关关系。相关性检验的结果初步验证了前文的研究假说。

表 8-2 相关性分析

	|*RM*|	*IC*1	*IC*2	ln (*Size*)
|*RM*|	1			
*IC*1	-0.118***	1		
*IC*2	-0.043***	0.253***	1	
ln (*Size*)	-0.028***	0.103***	0.124***	1

续表

	|*RM*|	*IC*1	*IC*2	ln（*Size*）
Profit	0.112***	0.023**	-0.032***	0.258***
Debt	0.035***	-0.078***	0.064***	0.390***
*H*10	0.077***	0.032***	0.001	0.303***
Fn	-0.016**	0.055***	0.000	0.116***
Indu	0.002	0.079***	-0.023**	-0.139***

	Profit	*Debt*	*H*10	*Fn*	*Indu*
|*RM*|					
*IC*1					
*IC*2					
ln（*Size*）					
Profit	1				
Debt	-0.167***	1			
*H*10	0.147***	0.023**	1		
Fn	-0.072***	0.114***	-0.019**	1	
Indu	-0.015	-0.154***	-0.069***	0.032***	1

注：***、**、*分别表示1%、5%和10%置信水平下通过显著性检验。

另外，从解释变量与控制变量以及控制变量之间的相关系数数值来看，各相关系数值并不高，这表明能够同时纳入统一回归模型中的变量之间并不存在明显的共线性问题。

3. 单变量检验

表8-3给出根据变量*IC*1与*IC*2分类进行的单变量检验结果。在以变量*IC*1为分类标准进行的分组检验中，自愿披露内部控制评价报告的上市公司的真实盈余管理程度明显低于未自愿披露内部控制评价报告的上市公司，且能够通过常规置信水平的显著性*T*检验，这表明从单变量检验结果来看，内部控制程度更好的上市公司的真实盈余管理程度更低；在以变量*IC*2为分类标准进行的分组检验中，自愿披露内部控制评价报告中指出存在缺陷的上市公司的真实盈余管理程度同样明显低于不存在缺陷的上市

公司，也同样能够通过常规置信水平的显著性检验，同样说明从单变量检验结果来看，内部控制产生了相应的作用，内部控制质量更高的上市公司存在更低程度的真实盈余管理。可见，单变量检验的结果验证了前文的研究假说。

表 8－3　单变量检验结果

变量	分组指标	样本量	均值	*T* 值
|*RM*|	*IC*1 = 0	3172	0.431	−12.435***
	*IC*1 = 1	7740	0.298	
|*RM*|	*IC*2 = 0	9436	0.346	−4.447***
	*IC*2 = 1	1476	0.282	

注：***、**、* 分别表示 1%、5% 和 10% 置信水平下通过显著性检验。

4. 多元回归检验

表 8－4 给出本节样本检验的内部控制对真实盈余管理影响的回归检验结果。从各回归检验结果的 *F* 统计量来看，均能够通过常规置信水平 1% 显著性下的检验，这表明被解释变量的实际值与预测分布值之间并不存在明显的差异，因而可以认为本节回归检验的拟合程度较好。

表 8－4　多元回归检验结果

	结果 1	结果 2
*IC*1	−0.119*** (0.011)	
*IC*2		−0.042*** (0.014)
ln (*Size*)	−0.054***	−0.060***
Profit	0.139***	0.141***
Debt	0.248***	0.287***
*H*10	0.385***	0.384***
Fn	0.005	−0.001
Indu	0.018*	0.009 *

续表

	结果 1	结果 2
C	1.353***	1.405***
Adj R^2	0.043	0.033
F	70.444***	53.519***

注：***、**、* 分别表示 1%、5% 和 10% 置信水平下通过显著性检验，括号内为系数值的标准误差值。

而具体到各解释变量的回归结果，解释变量 *IC*1 与被解释变量 |*RM*| 之间存在负相关关系，而且这一负相关关系能够通过常规置信水平的显著性检验，这表明相较于没有自愿披露内部控制评价报告的上市公司，自愿披露内部控制评价报告的上市公司的真实盈余管理程度更低，表明内部控制对真实盈余管理产生了相应的抑制作用，高质量的内部控制能够发现并降低真实盈余管理程度；解释变量 *IC*2 与被解释变量 |*RM*| 之间也存在负相关关系，而且这一负相关关系同样能够通过常规置信水平的显著性检验，表明能够发现内部控制存在缺陷的上市公司的真实盈余管理程度也更低，同样表明内部控制对真实盈余管理产生了抑制作用。当内部控制能够发现存在的问题时，上市公司也就无法大规模地操弄真实盈余。

从本节的经验证据来看，良好的内部控制能够对真实盈余管理产生相应的制约作用。完善的内部控制，可以通过良好的内部控制环境、健全的风险评估基准、有效的控制活动、顺畅的信息沟通、全面的监督检查，提升企业操弄真实盈余的成本，抑制上市公司的真实盈余管理行为。

而在控制变量的检验结果中，变量 ln（*Size*）与被解释变量 |*RM*| 间存在显著的负相关关系，这表明在样本中资产规模越大的上市公司，真实盈余管理程度越低；变量 *Profit* 与被解释变量 |*RM*| 间存在显著的正相关关系，这表明在样本中盈利能力越强的上市公司，真实盈余管理程度越高；变量 *Debt* 与被解释变量 |*RM*| 间存在显著的正相关关系，这表明在样本中资产负债率越高的上市公司，真实盈余管理程度越高；变量 *H*10 与被解释变量 |*RM*| 间存在显著的正相关关系，这表明在样本中股权集中度越高的上市公司，真实盈

余管理程度越高；变量 Fn 与被解释变量 $|RM|$ 间的关系则并不确定，而且也未能通过常规置信水平的显著性检验，说明筹资能力与真实盈余管理程度的关系并不明确；变量 $Indu$ 与被解释变量 $|RM|$ 间的关系也能够通过常规置信水平的显著性检验，表明行业因素对真实盈余管理产生了相应的影响。

另外，为检验研究结论的稳健性，本节进行了相应的稳健性检验。首先，将样本上市公司进行分组，分别组成深圳证券市场公司样本、上海证券市场公司样本及中小板公司样本后进行回归检验；其次，控制上市公司年度因素后分别进行回归检验；再次，为消除样本公司中极端样本的影响，本书分别对处于 0 ~1% 和 99% ~100% 的极端值样本进行处理后进行回归检验。最后，为了控制内部控制所存在的内生性问题，使用 Heckman 两阶段回归方法，即第一阶段为检验内部控制的检验模型，加入如上市公司设立内部控制管理委员会、上市公司总经理与董事长是否二职合一的虚拟变量，而第二阶段再进行相应的回归检验。从稳健性检验结果来看，不同稳健性回归检验的结果并未出现明显的差异，从而可以认为基于稳健性检验的结果，本节的研究结论是稳健的。

8.1.5 结论

真实盈余管理是管理层为了获取自身利益而进行的一种盈余管理方式，除了外部监管所产生的作用外，内部监管同样应该会通过各种途径与方式发现并抑制真实盈余管理。因此，本节实证检验了内部控制行为对真实盈余管理所产生的影响。研究发现，高质量的内部控制能够抑制真实盈余管理。具体来说，相较于没有自愿披露内部控制评价报告的上市公司，自愿披露内部控制评价报告的上市公司的真实盈余管理程度更低，而且能够发现内部控制存在缺陷的上市公司的真实盈余管理程度也更低，这表明当内部控制能够发现存在的问题时，上市公司也就无法大规模地操弄真实盈余管理。本节的研究结论表明，在中国上市公司中并不存在因为逃避内部控制监管行为而用真实盈余管理替代应计盈余管理的行为。

虽然从真实盈余管理操弄的对象来看，销售操控、费用操控及生产操控并非是内部控制直接监管与约束的对象，但内部控制同样可以通过影响外部审计、提升公司治理水平等方式影响到真实盈余管理。然而不得不指出的是，内部控制同样会受到管理层意志的影响，甚至在一定程度上会被管理层行为所引导，这就会在一定程度上失去内部控制的独立性。那么，不受管理层影响的独立董事行为，又能否对真实盈余管理产生相应的抑制作用呢?

8.2 独立董事制度与真实盈余管理

8.2.1 引言

代理成本是每一个上市公司在经营与管理过程中不能避免的问题。在每一个上市公司中，不同层面会存在不同对象之间的代理成本，如在公司所有权与经营权分离时因股东与管理层之间的利益冲突而形成的最基本的代理成本（Jensen and Meckling，1976；Shleifer and Vishny，1986）、由于上市公司股权集中度较高而形成的控股股东与中小股东之间的代理成本（La Porta et al.，1999；Claessens et al.，2002）、由于上市公司的不同股东性质差异而形成的代理成本（Djankov et al.，2003）等。代理成本的存在会在一定程度上降低公司经营效率，损害更多股东，尤其是普通市场投资者的中小股东的价值，因而就需要一个外部监管者的存在，作为解决代理成本问题的重要机制（祝继高等，2015）。于是，独立董事制度就被世界各国证券监管机构先后采纳，以期通过独立董事的外部监管作用约束控股股东和管理层的机会主义行为，减少公司的代理成本，并以此提升董事会的决策能力。

作为现代公司治理机制中的一个重要组成部分，独立董事制度的作用表现在通过在董事会中引入与公司本身并没有直接利益关系的独立第三方，避免公司中的“一言堂”现象，降低内部人控制程度，以此提升公司的整体决策能力与公司治理水平。因此，作为一种独立的机制，独立董事制度就会在一定程度上提升公司的透明度，降低股东、管理层以及市场投资者之间的信息不对称程度（Eng and Mak，2003；Peasenll et al.，2005；胡奕明和唐松莲，2008；朱雅琴和姚海鑫，2011）。

其实，由于独立董事的专业性（上市公司要求需要拥有具备财务背景的独立董事）、独立性，加之上市公司审计委员会的人选本身就来自独立董事团队，独立董事制度会对公司的财务信息质量，即公司的应计盈余管理产生明显的影响。Forker（1992）研究指出，独立董事能够使得董事会对股东更为尽职尽责，从而提高信息透明度，降低盈余管理水平。Beasley（1996）也发现，在一个上市公司中，独立董事的比例越高，则上市公司利用盈余管理进行财务欺诈的可能性就会越低。Peasenll 等（2005）也指出，独立董事比例与管理层操弄应计盈余的概率是呈负相关关系的。同样，在中国上市公司中，黄文伴和李延喜（2010）的研究就发现，独立董事比例与盈余管理之间表现为负相关关系。江维琳等（2011）的经验证据也表明，独立董事的出勤率会对公司应计盈余管理水平产生相应的影响。邓小洋和李芹（2011）也证明了独立董事有效的监管作用，认为独立董事制度的存在会降低上市公司对应计盈余的操弄。

那么，与应计盈余管理相比，独立董事制度的存在能否对真实盈余管理产生相应的影响呢？由于真实盈余管理在近年来才逐渐被上市公司管理层采用，相关研究文献较少。童娜琼等（2015）的实证检验便指出，独立董事制度能够起到监督管理层决策的作用，能够抑制上市公司的真实盈余管理行为。黄芳和杨七中（2016）同样指出，独立董事的本地化行为，能够约束上市公司的真实盈余管理活动。因此，本节将讨论独立董事制度能否约束并制约上市公司的真实盈余管理行为。若本节相关结论发现独立董事制度可以在一定程度上对真实盈余管理产生作用，则表明上市公司用真实盈余管理替代应计盈余管理的目的并非是逃避内部的独立董事监管，反之则表明上市公司存在逃避内部监管的真实盈余管理目的。

8.2.2 理论分析与研究假说

独立董事的兴起源于 20 世纪 80 年代，是为了解决上市公司中的内部董事因利益问题无法正确且独立地参与公司治理的问题而出现的。独立董事制度的引进，加强了上市公司的内部公平性，提升了公司治理水平，制约了内部大股东对于其他股东的利益侵占，从而使得越来越多的上市公司，尤其是不同国家上市公司都开始逐渐重视独立董事制度，越来越多的独立董事出现在董事会成员中。在1999年OECD（经济合作与发展组织）的调查中就已经发现，英国、法国及美国等国家企业的独立董事数量已经达到董事会人员的三分之一，美国甚至接近三分之二。作为实施独立董事制度最早的国家之一，美国关于企业的规章制度中就明确指出，在股东人数超过2000人、资产额达到1亿美元的上市公司中，董事会成员应大多数由与公司执行董事以及高管层没有直接利益关系的独立董事构成。为了与国际资本市场接轨，也为了更好地解决中国上市公司股权集中度过高而影响普通市场投资者利益的问题，约束中国上市公司大股东的行为，改善中国上市公司的治理结构，上海证券交易所于2000年11月3日发布的《上市公司治理指引（草案）》中建议中国上市公司中应至少拥有两名独立董事，而且独立董事比例至少应达到董事会成员的两成。2001年8月16日，中国证监会又发布了《关于在上市公司建立独立董事制度的指导意见》，指出中国A股上市公司应该聘任适当人员担任独立董事，并要求在2002年6月30日之前每家公司需要拥有至少两名独立董事，并且在2003年6月30日前，董事会成员中需要有至少三分之一的独立董事。而在2004年12月7日，中国证监会又发布了《关于加强社会公众股股东权益保护的若干规定》，要求上市公司建立、完善独立董事制度，并且需要充分发挥独立董事作用。独立董事制度虽然并非中国资本市场的首创，但在中国上市公司的治理结构中却属于制度创新，在一定程度上解决了中国上市公司的公司治理、监督并抑制大股东侵占、中小投资者利益保护等相关问题（叶康涛等，2007）。独立董事制度对上市公司所产生的影响表现为：①能够对上市公司管理层进行监督，并且对管理层的业绩做出客观的评价；②帮助上市公司提供科学的公司战略；③通过独立董事自身的背景与关系，帮助上市公司树立良好的形象；④形成对大股东权力的制约，从而保护中小投资者的利益（傅蕴英，2004）。

第一，独立董事在董事会成员中的比例上升，意味着整个上市公司的董事会成员的独立性会变得越来越强，董事会变得相对更为独立。尤其是随着内部独立董事比例的下降，董事会为某些利益群体谋求利益的可能性会降低，从而董事会纵容管理层进行真实盈余管理的可能性也就会相应降低（龚慧云和刁淑婷，2016）。第二，在当前上市公司独立董事的人选范围中，具有财务会计背景的独立董事是必备人选。前文阐述的《关于在上市公司建立独立董事制度的指导意见》中就明确指出，上市公司独立董事中必须包括一名会计专业独立董事。拥有财务会计背景的独立董事，能够利用其具备的财务会计专业知识，发挥其在公司财务问题方面的监督作用，对上市公司进行盈余管理的手段更为了解（童娜琼等，2015），因而更可能发现上市公司的盈余管理行为，也就能够约束这种盈余管理行为。于是，随着独立董事在董事会成员中比例的增加，有财务会计专业背景或财务会计行业背景的独立董事比例也会相应增加，那么发现上市公司操弄盈余的可能性也会随之增加，整个独立董事团队识别真实盈余管理的能力就会相应提升，从而使得管理层操弄真实盈余的可能性以及程度就会随之降低。第三，在独立董事的组成部分中，还有一部分属于技术类的独立董事，这既包括来自企业界从事过相关技术工作，具有实务操作经验的独立董事，也包括来自高校或相关的科研机构，从事与企业主营业务相关的科研工作的独立董事（唐清泉，2005）。与具备财务会计背景或其他背景的独立董事相比，具备技术背景的独立董事更加具备识别、监督管理层进行相应的业务活动的能力，更能够发现管理层在公司主营业务经营方面进行的盈余管理行为（胡元木等，2016）。也就是说，相较于财务会计背景的独立董事发现应计盈余管理的能力，这些具备技术背景的独立董事发现真实盈余管理的能力会更强，在履行监督职能时，也同样发挥着重要的作用。那么随着独立董事比例的增加，具有技术背景的独立董事在董事会成员中的比例也会相应增加，从而更好地识别管理层操弄真实盈余的行为。因此，本书提出研究假说如下。

研究假说1：独立董事比例与真实盈余管理程度间存在显著的负相关关系。

薪酬制度是一种良好的激励手段（Hubbard and Palia，1995；Crawford et al.，1995；Bryan et al.，2000）。较高的薪酬往往与接受薪酬者良好的表现联系在一起。例如，在信息不对称的情况下，由于经理人行动无法被直接观察，与薪酬挂钩的企业业绩就成为一种衡量与评价经理人才能与努力程度的重要指标（辛清泉和谭伟强，2009）。而关于独立董事的薪酬，《关于在上市公司建立独立董事制度的指导意见》中曾明确指出，“上市公司应当给予独立董事适当的津贴。津贴的标准应当由董事会制订预案，股东大会审议通过，并在公司年报中进行披露。除了上述津贴，独立董事不应从上市公司及其主要股东或有利害关系的机构和人员处取得额外的、未予披露的其他利益”。可见，目前中国证监会并没有对上市公司的独立董事薪酬问题给予一个明确的薪酬空间界定，不同上市公司的年度津贴也存在较大的差距（史丹，2011）。然而，已有文献的研究却均表明，独立董事薪酬的激励对于上市公司产生了良性的影响（谭劲松，2003；邹津，2007；陈旭东和迟丹凤，2007；谢德仁和黄亮华，2013）。相应地，独立董事的薪酬激励与公司业绩之间具有相互作用。业绩水平较好的公司具备较强的经济实力，能够给独立董事支付更高的薪酬，而业绩水平较好的公司更为注重企业的战略规划，从而也就倾向于聘用业务能力更强的独立董事，这些独立董事会“值”更多的薪酬，而且公司也愿意付出多的报酬（王建明，2011）。而在这些业绩水平更好的公司中，一方面，公司本身经营状况较好，并不需要进行高程度的真实盈余管理；另一方面，这些公司为了自身长远的发展，也并不倾向以“杀鸡取卵”的方式进行更多的真实盈余管理。同样，由于这些公司以高额的薪酬聘请了独立董事，独立董事为了自身的声誉，同样会倾向“公事公办”，并不会为了管理层某些成员的个人利益而即使发现存在大规模的真实盈余管理却并不“发出声音”。因此，本书提出研究假说如下。

研究假说2：独立董事薪酬水平与真实盈余管理程度间存在显著的负相关关系。

8.2.3 研究设计

1. 被解释变量：真实盈余管理（$|RM|$）

真实盈余管理计量模型参考前文中 Roychowdhury（2006）原始模型及李彬等（2009）修正后的，分别对销售操控、费用操控及生产操控进行度量后的真实盈余管理绝对值衡量。

2. 解释变量：独立董事会特征（*Independent Director*，*ID*）

（1）独立董事规模（*DR*）：以样本公司当年度独立董事规模占董事会规模比例衡量。

（2）独立董事激励（*BPay*）：以样本公司当年度独立董事薪酬的自然对数衡量。

3. 控制变量

与前文一致，本书参考 Roychowdhury（2006）、Cohen 等（2008）、李彬等（2009）及李婉丽等（2011）的相关研究，加入资产能力（ln（*Size*））、盈利能力（*Profit*）、负债能力（*Debt*）、股权集中能力（*H*10）、筹资能力（*Fn*）以及行业虚拟变量（*Indu*）作为实证模型的控制变量。

4. 实证模型

根据研究需要与所选变量，构建相应的实证模型。

$$|RM_{i,t}| = \alpha_1 ID_{i,t} + \alpha_2 \ln(Size)_{i,t} + \alpha_3 Profit_{i,t} + \alpha_4 Debt_{i,t} + \alpha_5 H10_{i,t} + \alpha_6 Fn_{i,t} + \alpha_7 Indu_{i,t} + C + \varepsilon_{i,t} \tag{8.2}$$

在公式（8.2）中，变量 *ID* 将根据实际值与赋值分别选择变量 *DR*、*BPay*，其他变量解释与前文一致。另外，C 为常数项，ε 为残差项，α 为待估系数。

5. 数据说明

与前文相似，本节在剔除缺失相应数据样本的基础上，最终选择中国沪深 A 股 2007—2014 年的 10551 个样本进行实证检验。本节主要的数据来源分别包括锐思金融数据库、国泰君安数据库及色诺芬经济金融数据库。

8.2.4 实证回归结果

1. 描述性统计结果

表 8－5 列出本节样本的变量描述性统计结果。可以看出，在解释变量中，解释变量 *DR* 均值为 0.412，表明样本上市公司独立董事人数约占董事会总人数的四成；解释变量 *BPay* 均值为 10.773，表明样本上市公司独立董事所得薪酬平均约为 4.77 万元。控制变量中，变量 ln（*Size*）均值为 21.923，表

明本节样本上市公司的资产总额约为 33.19 亿元；变量 *Profit* 均值为 0.307，表明本节样本上市公司的每股收益约为 0.31 元；变量 *Debt* 均值为 0.490，表明本节样本上市公司的负债总额约占资产总额的一半；变量 *H*10 均值为 0.170，表明本节样本上市公司的股权集中度并不高；变量 *Fn* 均值为 0.546，表明本节样本中有超过一半上市公司的年末筹资活动现金净流量大于经营活动现金净流量和投资现金净流量之和；变量 *Indu* 均值为 0.594，表明样本中有近六成上市公司属于制造业行业。这些与前文样本的描述性统计状况并未有实质性差异。

表 8-5 描述性统计结果

变量	样本量	均值	中位数	最大值	最小值	标准差
|*RM*|	10551	0.336	0.198	8.998	0.000	0.507
DR	10551	0.412	0.375	0.882	0.143	0.098
BPay	10551	10.773	10.820	19.968	7.335	0.529
ln（*Size*）	10551	21.923	21.797	27.547	17.879	1.154
Profit	10551	0.307	0.230	14.580	-4.820	0.545
Debt	10551	0.490	0.498	4.026	0.007	0.203
*H*10	10551	0.170	0.140	0.800	0.000	0.124
Fn	10551	0.546	1.000	1.000	0.000	0.498
Indu	10551	0.594	1.000	1.000	0.000	0.491

2. 相关性分析

表 8-6 给出本节样本主要变量的相关性检验结果。可以看出，被解释变量 |*RM*| 与解释变量 *DR* 间存在负相关关系，且能够通过常规置信水平的显著性检验，这表明独立董事比例与真实盈余管理之间存在相反的关系；被解释变量 |*RM*| 与解释变量 *BPay* 间存在负相关关系，且也能够通过常规置信水平的显著性检验，这表明独立董事薪酬与真实盈余管理之间同样也存在相反的关系。相关性检验的结果能够初步验证前文的研究假说。

表 8-6　相关性分析

	|*RM*|	*DR*	*BPay*	ln (*Size*)
|*RM*|	1			
DR	-0.038***	1		
BPay	-0.043***	-0.184***	1	
ln (*Size*)	-0.032***	0.305***	0.032***	1
Profit	0.114***	0.128***	-0.024**	0.258***
Debt	0.035***	0.039***	-0.044***	0.391***
*H*10	0.078***	0.099***	0.014	0.302***
Fn	-0.021***	0.032***	0.029***	0.115***
Indu	-0.004	-0.079***	0.018*	-0.145***

	Profit	*Debt*	*H*10	*Fn*	*Indu*
|*RM*|					
DR					
BPay					
ln (*Size*)					
Profit	1				
Debt	-0.164***	1			
*H*10	0.151***	0.020**	1		
Fn	-0.070***	0.111***	-0.021**	1	
Indu	-0.016*	-0.159***	-0.071***	0.030***	1

注：***、**、*分别表示1%、5%和10%置信水平下通过显著性检验。

同时，从本节相关性分析的结果来看，解释变量与控制变量以及控制变量之间的相关性系数值并不高，这表明纳入同一回归模型的变量间并不存在明显的多重共线性问题。

3. **单变量检验**

表8-7给出本节以变量*DR*及变量*BPay*中位数为标准进行分类的单变量检验结果。可以看出，在以变量*DR*为标准进行的分组检验结果中，高*DR*组的真实盈余管理均值低于低*DR*组的均值，而且能够通过常规置信水平的显著

性检验，这表明在独立董事比例相对较高的上市公司中，真实盈余管理程度则相对较低；在以变量 *BPay* 为标准进行的分组检验结果中，高 *BPay* 组的真实盈余管理均值也低于低 *BPay* 组的均值，而且同样能够通过常规置信水平的显著性检验，这表明在独立董事薪酬水平较高的上市公司中，真实盈余管理程度同样较低。单变量检验的结果表明，独立董事制度对上市公司的真实盈余管理产生了相应的约束作用，独立董事比例越高、独立董事薪酬水平越高的上市公司，其真实盈余管理程度会越低。单变量检验结果同样验证了前文的研究假说。

表 8－7 单变量检验结果

变量	分组指标	样本量	均值	*T* 值
|*RM*|	低 *DR*	5065	0.365	5.764***
	高 *DR*	5486	0.309	
|*RM*|	低 *BPay*	4723	0.348	2.316***
	高 *BPay*	5828	0.326	

注：变量 *DR*、*BPay* 分组标准为中位数，***、**、* 分别表示 1%、5% 和 10% 置信水平下通过显著性检验。

4. 多元回归检验

表 8－8 给出本节样本中检验独立董事制度与真实盈余管理关系的回归检验结果。各回归检验结果的 *F* 统计量均能够通过常规置信水平的显著性检验，这表明本节样本中的被解释变量的实际分布状况与由解释变量与控制变量构成的预测变量的分布状况之间并不存在明显的差异，因而可以认为本节回归检验结果的拟合状况较好。

具体到各解释变量的回归检验结果值，解释变量 *DR* 与被解释变量 $|RM|$ 之间呈现负相关关系，且能够通过 1% 置信水平的显著性检验，这表明上市公司独立董事比例越高，相应的真实盈余管理程度就会越低，说明独立董事在董事会成员中占据更多的比例，就能够更好地体现出独立性，对上市公司的决策产生更好的影响，进而产生对真实盈余管理的约束性，这验证了前文的研究假说 1；解释变量 *BPay* 与被解释变量 $|RM|$ 之间也呈现负相关

表 8－8　多元回归检验结果

	结果 1	结果 2
DR	－0. 138 *** (0. 050)	
Bay		－0. 034 *** (0. 010)
ln（*Size*）	－0. 063 ***	－0. 059 ***
Profit	0. 143 ***	0. 146 ***
Debt	0. 285 ***	0. 283 ***
*H*10	0. 394 ***	0. 393 ***
Fn	－0. 004	－0. 004
Indu	0. 003 *	0. 001 *
C	1. 525 ***	1. 744 ***
Adj R^2	0. 034	0. 035
F	54. 207 ***	54. 904 ***

注：***、**、* 分别表示 1%、5% 和 10% 置信水平下通过显著性检验，括号内为系数值的标准误差值。

关系，同样能够通过 1% 置信水平的显著性检验，这表明上市公司独立董事的薪酬水平越高，则相应的真实盈余管理的程度越低，说明独立董事获得的薪酬越高，就越有动力做好本职工作，也就越能够起到相应的监督与约束作用，从而上市公司管理层就不能够轻易地进行真实盈余管理，这验证了前文的研究假说 2。

从本节的经验证据来看，独立董事制度能够在一定程度上对真实盈余管理产生约束与抑制作用，一方面，随着独立董事人数在董事会成员中的增加，独立董事能够占有一定的话语权，能够通过独立的方式对管理层行为进行相应的监督与约束；另一方面，随着独立董事薪酬的增加，这种激励机制同样对独立董事行为产生了促进作用，让独立董事从客观与主观的层面能够发挥自身的作用。可以看出，独立董事制度目前在中国上市公司中能够产生相应的监督与管理作用，独立董事能够利用其独立身份，对管理层、股东的行为产生制约，能够抑制上市公司的真实盈余管理行为。

在控制变量的检验结果中，控制变量变量 ln（*Size*）与被解释变量 $|RM|$ 间存在显著的负相关关系，显著性为1%，这表明在样本中资产规模越大的上市公司，其真实盈余管理程度越低；控制变量 *Profit* 与被解释变量 $|RM|$ 间存在显著的正相关关系，显著性同样为1%，这表明在样本中盈利能力越强的上市公司，其真实盈余管理程度越高；控制变量 *Debt* 与被解释变量 $|RM|$ 间也存在显著的正相关关系，显著性也是为1%，这表明在样本中资产负债率越高的上市公司，其真实盈余管理程度越高；控制变量 *H*10 与被解释变量 $|RM|$ 间存在显著的正相关关系，显著性同样为1%，这表明在样本中股权集中度越高的上市公司，其真实盈余管理程度越高；控制变量 *Fn* 则与被解释变量 $|RM|$ 间表现出并不确定的关系，检验结果并未能够通过常规置信水平的显著性检验，这说明在样本中，样本上市公司的筹资能力与真实盈余管理程度的关系并不明确；控制变量 *Indu* 与被解释变量 $|RM|$ 间的关系能够通过常规置信水平的显著性检验，显著性为10%，这表明行业因素对真实盈余管理产生了相应的影响。

另外，为检验研究结论的稳健性，本节进行了与前文相似的稳健性检验。首先，将样本上市公司进行分组，分别组成深圳证券市场公司样本、上海证券市场公司样本及中小板公司样本后进行回归检验；其次，控制上市公司年度因素后分别进行回归检验；再次，为消除样本公司中极端样本的影响，本书分别对处于0~1%和99%~100%的极端值样本进行处理后进行回归检验；最后，为了控制内部控制所存在的内生性问题，使用 Heckman 两阶段回归方法，即第一阶段为检验独立董事制度的检验模型，加入如独立董事参会频率、独立董事兼任其他企业独立董事数量、上市公司总经理与董事长是否二职合一的虚拟变量；第二阶段再进行相应的回归检验。从稳健性检验结果来看，不同稳健性回归检验的结果并未出现明显的差异，从而可以认为基于稳健性检验的结果，本节的研究结论是稳健的。

8.2.5 结论

作为一种独立于企业管理层及股东的机制，独立董事制度能够以一个独立的第三方的存在形式，在企业中产生监督及指导的作用，从而独立董事制度的存在也就能够对真实盈余管理产生相应的影响。因此，本节实证检验了独立董事制度对真实盈余管理所产生的影响。研究发现，独立董事制度的存在能够约束中国上市公司的真实盈余管理行为。具体来说，独立董事比例越高的上市公司，其真实盈余管理程度会越低；独立董事薪酬水平越高的上市公司，其真实盈余管理程度同样会越低。本书的研究结论表明，在中国上市公司中，独立董事能够起到对上市公司的监督与约束作用，并不存在因为逃避内部独立董事监管行为而用真实盈余管理替代应计盈余管理的情况。

相较于外部监管与内部控制的监管，独立董事制度是上市公司一种良好的自我监督制度，独立董事的存在不仅能够约束上市公司的一些不良行为，还可以整体提升上市公司的公司治理水平，从根本上保护中小股东的利益。而从本节的经验证据来看，独立董事制度的存在，很好地监督与约束了上市公司的真实盈余管理行为。因此，如何更好地在上市公司中发挥独立董事制度的作用，完善公司治理水平，应该是上市公司持续建设的一个重要问题。

8.3 本章小结

与外部监管相对应，内部监管同样会对上市公司的盈余管理行为产生相应的影响。良好的内部监管既能够对公司治理体系产生影响，也能够与外部监管之间形成良性互动，更好地保护中小投资者的权益。近年来，随着很多上市公司真实盈余管理程度的增加，对于中国上市公司而言，用真实盈余管理替代应计盈余管理的原因是否在于规避严格的内部监管，就是本章研究的问题。本章首先讨论高质量的内部控制能否对真实盈余管理产生影响，其次讨论独立董事制度的存在能否约束真实盈余管理行为。研究发现，内部监管行为能够明显地抑制真实盈余管理行为，这就意味着中国上市公司用真实盈余管理替代传统应计盈余管理的原因，并非在于规避内部监管因素。本章研究得出如下具体结论。

（1）内部控制能够约束真实盈余管理。本书实证检验内部控制与上市公司真实盈余管理间的关系发现，高质量的内部控制能够抑制真实盈余管理，即相较于没有自愿披露内部控制评价报告的上市公司，自愿披露内部控制评价报告的上市公司的真实盈余管理程度更低，而且能够发现内部控制存在缺陷的上市公司的真实盈余管理程度也更低，这表明当内部控制能够发现存在的问题时，上市公司也就无法大规模地操弄真实盈余。

（2）独立董事制度能够约束真实盈余管理。本书实证检验独立董事制度与上市公司真实盈余管理间的关系发现，独立董事制度的存在能够约束中国上市公司的真实盈余管理行为，即独立董事比例越高的上市公司，其真实盈余管理程度会越低；独立董事薪酬水平越高的上市公司，其真实盈余管理程度同样会越低。

9 基于股票市场稳定性视角的真实盈余管理经济后果分析

前文讨论了中国上市公司进行真实盈余管理的原因，无论是基于利益索取还是规避监管，其根本都是上市公司为了在资本市场上获得市场投资者的信任，从而获得资本市场的收益。那么，真实盈余管理到底会给上市公司带来什么样的经济后果？是否会影响上市公司在资本市场的表现？是否会导致上市公司股价的波动？本章将进一步讨论以上问题。

9.1 真实盈余管理与股价崩盘风险

9.1.1 引言

股价崩盘是指股票市场指数或上市公司的股票价格在毫无征兆的情况下，短时间内出现与正常情况明显的分离。虽然股价的偏离包括股价的“暴涨”与“暴跌”，但由于“暴跌”带给股票市场的影响以及对市场投资者的冲击明显强于“暴涨”，从而股价崩盘往往特指股价的“暴跌”行为（Bekaert and Wu，2000）。股价崩盘现象会影响市场投资者的信心，损害市场投资者的直接利益，加速市场投资者的“用脚投票”行为，以及在不同的行业间具有明显的传递效应，从而不仅会对资本市场产生明显的影响，还会直接影响实体经济的资源配置。于是，股价崩盘问题已经成为近年来宏观经济与微观金融研究的重要问题。而由于近年来中国股票市场中频频出现股价崩盘的现象，动辄“千股跌停”，越来越多的学者开始逐渐关注股价崩盘这一“金融异象”，希望探析影响股价崩盘的因素，寻求抑制股价崩盘的方法与途径。因此，对股价崩盘风险这一问题进行相应研究，能够有效保护市场普通投资者的收益，也就具有较强的理论与现实意义（潘越等，2011；许年行等，2013；Xu et al.，2014；王化成等，2015）。

在对股价崩盘风险的研究中，Jin 和 Myers（2006）首次指出，信息隐瞒与有选择的信息披露是造成股价崩盘风险的核心因素，并指出由于上市公司管理层会因为一些特殊原因向市场投资者隐瞒部分信息，市场投资者与上市公司管理层之间存在信息不对称，而一旦这些信息被集中披露出来，就会导致上市公司股价的崩盘。可见，“信息”成为股价崩盘风险的核心因素。在上市公司的信息披露过程中，应计盈余管理是其操弄信息的一种非常重要的方式，而对应计盈余的操弄也是导致上市公司股价崩盘的重要因素（Hutton et al.，2009；杨棉之等，2017）。而与应计盈余管理相比，虽然真实盈余管理主要是操弄上市公司的真实活动，但在这一过程中同样伴随着对信息的操弄。例如，上市公司在操弄自身研发活动时，存在隐瞒研发活动真实情况的可能性。因此，真实盈余管理同样会加大上市公司的股价崩盘风险。

然而，现有文献对真实盈余管理与股价崩盘风险的研究关注较少。周爱民和遥远（2018）指出，面对外部监督压力，隐蔽灵活的真实盈余管理逐渐成为经理人主要的盈余操纵手段，其对股价崩盘风险的影响程度、中介渠道和监督机制，与传统研究中关注的应计盈余管理有一定区别，而实证检验发现，真实盈余管理显著加剧了股价崩盘风险，持续期远远长于应计盈余管理。侯德帅等（2018）的实证检验也表明，真实盈余管理行为加剧了上市公司的股价崩盘风险。因此，本书以 Roychowdhury（2006）的方法针对真实盈余管理进行衡量，通过理论与实证检验的方法，分析其对股价崩盘风险的影响。

9.1.2 理论分析与研究假说

股价崩盘风险的积累被归咎于上市公司管理层对于“信息”的隐瞒，也就是说，管理层通过将信息进行相应的分类，选择将有利于自己的信息披露出来，而将不利于自己的信息隐瞒起来。然而，所有的信息都不可能一直被隐瞒，那么一旦上市公司这些被隐瞒的信息被释放出来，释放的信息就全部都是“坏”信息，而这些信息的集中释放，也就会造成上市公司的股价崩盘，也就是在这些信息被隐瞒的过程中，上市公司股价崩盘的风险也在积累。对于上市公司管理层，其隐瞒信息的目的在于获得相应的特殊收益，于是现有文献的研究也发现，管理层会因为谋求私利、构建企业帝国、建立经理人声誉等原因，隐藏不利于自己的信息（Benmelech et al.，2010）。

于是，从上市公司操弄信息的视角来看，上市公司操弄真实盈余的行为同样伴随着对于信息的操弄。虽然上市公司的真实盈余管理并没有像应计盈余管理一样直接操弄信息，但不能否认的是，真实盈余管理的行为同样会影响企业信息的披露，如上市公司在进行销售操控过程中会隐瞒销售费用，在费用操控过程中可以调高或调低部分费用，在生产操控过程中可以操弄生产项目。于是，这些层面的信息操弄，会影响市场投资者对于上市公司的真实认知，也就会影响市场投资者对于上市公司的判断，进而造成市场投资者与上市公司之间的信息不对称，也就增加了上市公司股价崩盘的风险。

另外，从上市公司管理层的视角来看，管理层操弄真实盈余的目的在于获得盈余管理收益。上市公司管理层操弄真实盈余的目的有很多，如缓解公司融资需求、保护管理层薪酬水平等（李超颖等，2018）。简单地说，管理层出于自身目的而进行真实盈余管理，而真实盈余管理的过程一定会损害市场投资者的收益。于是，当市场投资者发现上市公司存在较强程度的真实盈余管理时，就会主动地选择“用脚投票”，从而也就增加了上市公司股价崩盘的概率。

因此，本书提出研究假说如下。

研究假说：上市公司真实盈余管理程度越高，则其股价崩盘风险越高。

9.1.3 研究设计

1. 被解释变量：股价崩盘风险（*Crash*）

现有文献多以上市公司年度负收益偏态系数（*Ncskew*）与收益波动率（*Duvol*）进行衡量。

$$R_{i,t} = a_0 + a_1 R_{m,t-2} + a_1 R_{m,t-1} + a_3 R_{m,t} + a_4 R_{m,t+1} + a_5 R_{m,t+2} + \varepsilon_{i,t} \quad (9.1)$$

在公式（9.1）中，$R_{i,t}$ 为上市公司在第 t 周的股票市场实际收益率，R_m 为股票市场的整体平均收益率。因公式（9.1）中的残差项存在有偏的现状，从而对其进行修正。

$$W_{i,t} = \ln(1 + \varepsilon_{i,t}) \quad (9.2)$$

通过公式（9.2）求得修正后的周特有收益率 W 后，分别构建负收益偏态系数（*Ncskew*）与收益波动率（*Duvol*）。

$$Ncskew_{i,t} = -\left[n\,(n-1)^{3/2}\sum W_{i,t}^3\right] / \left[(n-1)(n-2)\left(\sum W_{i,t}^2\right)^{3/2}\right] \quad (9.3)$$

$$Duvol_{i,t} = \log\left\{\left[(n_u - 1)\sum_{down} W_{i,t}^2\right] / \left[(n_d - 1)\sum_{up} W_{i,t}^2\right]\right\} \quad (9.4)$$

通过公式（9.3）与公式（9.4）求得的变量数值越大，则意味着上市公司股价崩盘风险越高。

2. 解释变量：真实盈余管理（$|RM|$）

真实盈余管理计量模型参考前文中 Roychowdhury（2006）原始模型及李彬等（2009）修正后的模型，分别对销售操控、费用操控及生产操控进行度量后的真实盈余管理绝对值衡量。

3. 控制变量

为控制对股价崩盘风险影响的其他因素，本书分别加入周特有收益率均值（*AW*）、周特有收益率标准差（*SEW*）、资产总额（*Size*）、资产收益率（*ROA*）、资产负债率（*Debt*）、股权集中度（*H*10）为控制变量，具体各变量的解释如下。

（1）周特有收益率均值（*AW*）：通过前文公式（9.2）求得的样本上市公司 W 值的均值。

（2）周特有收益率标准差（*SEW*）：通过前文公式（9.2）求得的样本上市公司 W 值的标准差。

（3）资产总额（*Size*）：根据样本公司年末资产总额值衡量，并对其取自然对数（ln（*Size*））。

（4）资产收益率（*ROA*）：根据样本公司年末净利润与资产总额的比值衡量。

（5）资产负债率（*Debt*）：根据样本公司年末负债总额与资产总额的比值衡量。

（6）股权集中度（*H*10）：根据样本公司年末赫芬达尔（Herfindahl_10）指数值衡量，即上市公司当年度年末前十大股东持股比例平方和。

4. 实证模型

根据本书的研究需要以及所设计的相应变量，本节构建相应的实证模型以检验前文的研究假说。

$$Crash_{i,t+1} = \alpha_1 \left| RM_{i,t} \right| + \alpha_2 AW_{i,t} + \alpha_3 SEW_{i,t} + \alpha_4 \ln(Size)_{i,t} + \alpha_5 ROA_{i,t} + \alpha_6 Debt_{i,t} + \alpha_7 H10_{i,t} + C + \varepsilon_{i,t} \tag{9.5}$$

在公式（9.5）中，股价崩盘风险变量 *Crash* 将根据对股价崩盘风险的设计，分别设定为 *Ncskew* 与 *Duvol*。另外，*C* 为常数项，ε 为残差项，α 为待估系数。

5. 数据说明

与前文相似，本节在剔除中小板上市公司及缺失数据且无法补充的样本的基础上，最终得到2007—2017年测度真实盈余管理与股价崩盘风险关系的11335个样本。本节主要的数据来源分别包括锐思金融数据库、国泰君安数据库及色诺芬经济金融数据库。

9.1.4 实证回归结果

1. 描述性统计结果

表9－1列出本节样本的变量描述性统计结果。可以看出，被解释变量 *Ncskew* 均值为－0.276，变量 *Duvol* 均值为－0.189，这与现有研究的统计结果并无实质性差异。在控制变量中，变量 *AW* 均值为－0.001，变量 *SEW* 均值为0.049；变量 ln（*Size*）均值为22.241，表明样本上市公司资产规模约为45.61亿元，这与本节样本中剔除中小板上市公司有关；变量 *ROA* 均值为0.030，表明样本上市公司的净利润约占资产总额的3%；变量 *Debt* 均值为0.513，表明样本上市公司的负债总额约占资产总额的51.3%，样本上市公司的负债约为资产总额的一半以上；变量 *H*10 均值为0.165，表明样本上市公司的股权集中度并不高。

表 9－1 描述性统计结果

变量	样本量	均值	中位数	最大值	最小值	标准差
Ncskew	11335	－0. 276	－0. 238	3. 702	－3. 738	0. 689
Duvol	11335	－0. 189	－0. 186	1. 764	－3. 647	0. 478
|*RM*|	11335	0. 609	0. 459	9. 063	0. 000	0. 645
AW	11335	－0. 001	－0. 001	6. 978	－0. 023	0. 066
SEW	11335	0. 049	0. 046	0. 196	0. 009	0. 019
ln（*Size*）	11335	22. 241	22. 145	28. 070	15. 577	1. 279
ROA	11335	0. 030	0. 028	1. 486	－3. 994	0. 083
Debt	11335	0. 513	0. 521	4. 026	0. 007	0. 201
*H*10	11335	0. 165	0. 131	0. 800	0. 000	0. 126

2. 相关性分析

表 9－2 给出本节样本主要变量的相关性检验结果。可以看出，被解释变量 *Ncskew* 与解释变量 |*RM*| 间存在负相关关系，能够通过常规置信水平的显著性检验，这表明真实盈余管理程度与负收益偏态系数之间存在相反的关系；被解释变量 *Duvol* 与解释变量 |*RM*| 间也存在负相关关系，且同样能够通过常规置信水平的显著性检验，这表明真实盈余管理程度与收益波动率之间也存在相反的关系。相关性检验的结果初步验证了前文的研究假说。

表 9－2 相关性分析

	Ncskew	*Duvol*	|*RM*|	*AW*
Ncskew	1			
Duvol	0. 885***	1		
|*RM*|	－0. 238***	－0. 238***	1	
AW	0. 001	－0. 003	0. 001	1
SEW	－0. 363***	－0. 362***	0. 643***	－0. 015
ln（*Size*）	－0. 375***	－0. 372***	0. 686***	－0. 012

续表

	Ncskew	*Duvol*	|*RM*|	*AW*
ROA	-0.116***	-0.118***	0.238***	-0.005
Debt	-0.363***	-0.361***	0.639***	-0.013
H10	-0.321***	-0.316***	0.538***	-0.013

	SEW	ln（*Size*）	*ROA*	*Debt*	*H10*
Ncskew					
Duvol					
|*RM*|					
AW					
SEW	1				
ln（*Size*）	0.927***	1			
ROA	0.291***	0.345***	1		
Debt	0.876***	0.937***	0.215***	1	
H10	0.732***	0.804***	0.331***	0.748***	1

注：***、**、*分别表示1%、5%和10%置信水平下通过显著性检验。

同时，从本节相关性分析的结果来看，解释变量与控制变量以及控制变量之间的相关性系数值并不高，这表明纳入同一回归模型的变量间并不存在明显的多重共线性问题。

3. 多元回归检验

表9-3给出本节样本中检验真实盈余管理与股价崩盘风险关系的回归检验结果。各回归检验结果的*F*统计量均能够通过常规置信水平的显著性检验，这表明本节样本中的被解释变量的实际分布状况与由解释变量与控制变量构成的预测变量的分布状况之间并不存在明显的差异，从而认为本节回归检验结果的拟合状况较好。

具体到各解释变量的回归检验结果值，解释变量|*RM*|与被解释变量*Ncskew*之间呈现正相关关系，能够通过1%置信水平的显著性检验，而解释变量|*RM*|与被解释变量*Duvol*之间也呈现正相关关系，且能够通过5%置信水平的显著性检验，这表明上市公司真实盈余管理的程度越高，则股价

表 9-3 多元回归检验结果

	结果 1	结果 2
|*RM*|	0.028 *** (0.010)	0.017 ** (0.007)
AW	-0.067	-0.070
SEW	-2.560 ***	-2.054 ***
ln（*Size*）	-0.044 ***	-0.036 ***
ROA	-0.102 ***	-0.052 ***
Debt	0.052 *	0.032 *
*H*10	-0.121 ***	-0.053 ***
C	0.853 ***	0.725 ***
Adj R^2	0.011	0.014
F	19.437 ***	23.291 ***

注：***、**、* 分别表示 1%、5% 和 10% 置信水平下通过显著性检验，括号内为系数值的标准误差值。

崩盘风险越高，说明真实盈余管理会使得上市公司向资本市场隐瞒更多的信息，造成上市公司与市场投资者之间的信息不对称，从而就会积累更多的股价崩盘风险，这验证了前文的研究假说。

从本节的经验证据来看，真实盈余管理会造成上市公司在资本市场中股价崩盘风险的提升。一方面，如前文所述，真实盈余管理会在长期造成上市公司收益下降以及价值的流失，从而损失市场投资者的真实利益；另一方面，上市公司在操弄真实盈余的过程中，会存在明显的操弄信息与隐瞒信息的行为，从而造成上市公司与市场投资者之间较为严重的信息不对称情况，在市场投资者发现上市公司进行真实盈余管理时，会以最快的速度“用脚投票”，于是就造成了股价崩盘风险的提升。

在控制变量的检验结果中，控制变量 ln（*Size*）与被解释变量 *Ncskew* 及 *Duvol* 间存在显著的负相关关系，显著性为 1%，这表明在样本中资产规模越大的上市公司，其股价崩盘风险会越低；控制变量 *ROA* 与被解释变量 *Ncskew* 及 *Duvol* 间也存在显著的负相关关系，显著性同样为 1%，这表明在样本中盈利能力越强的上市公司，其股价崩盘风险会越低；控制变量 *Debt* 与被解释变量 *Ncskew* 及 *Duvol* 间存在显著的正相关关系，显著性为 10%，这表明在样本中负债率越高的上市公司，其股价崩盘风险会越高；控制变量 *H*10 与被解释变量 *Ncskew* 及 *Duvol* 间也存在显著的负相关关系，显著性同样为 1%，这表明在样本中股权集中度越高的上市公司，其股价崩盘风险反而会越低。

另外，为检验研究结论的稳健性，本节进行了与前文相似的稳健性检验。首先，将样本上市公司进行分组，分别组成深圳证券市场公司样本、上海证券市场公司样本后进行回归检验；其次，控制上市公司年度因素后分别进行回归检验；再次，为消除样本公司中极端样本的影响，本书分别对处于 0 ~ 1% 和 99% ~ 100% 的极端值样本进行处理后进行回归检验；最后，为了控制内部控制所存在的内生性问题，使用 Heckman 两阶段回归方法。从稳健性检验结果来看，不同稳健性回归检验的结果并未出现明显的差异，从而可以认为基于稳健性检验的结果，本节的研究结论是稳健的。

9.1.5 结论

真实盈余管理会对上市公司及市场投资者产生不良的影响，尤其是上市公司在真实盈余管理的过程中，会主动地隐瞒或操弄信息，以达到自己的真实盈余管理目的。因此，本节实证检验了真实盈余管理程度对股价崩盘风险的影响。研究发现，真实盈余管理提升了上市公司股价崩盘风险。具体来说，上市公司真实盈余管理程度越高，则其股价的负收益偏态系数与收益波动率越高。本书的研究结论表明，在中国上市公司中，真实盈余管理存在对资本市场的破坏性。

虽然应计盈余管理主要是通过操弄会计信息而获得相应的盈余管理收益，而真实盈余管理是通过操弄企业真实活动获得盈余管理收益，但真实盈余管理同样会影响企业向市场投资者传递出的信息。于是，减少上市公司在真实盈余管理过程中对于信息的操弄，有利于减轻真实盈余管理的不良经济后果，对股票市场的稳定性产生良好的影响。

9.2 真实盈余管理与股票流动性

9.2.1 引言

股票流动性代表上市公司股票在股票市场中的被认可程度，反映了上市公司的资源在股票市场中的配置效率，因此，股票流动性不仅会影响上市公司的融资行为，也会影响市场投资者在股票市场中的态度及决策（张峥等，2014）。若上市公司股票能够在股票市场中具备良好的流动性，则意味着上市公司有机会通过资本成本机制、交易反馈机制等降低融资成本，缓解融资约束，进而缓解上市公司面临的投资不足的困境（李井林等，2018）。同时，股票流动性也体现了上市公司与市场投资者之间的互动关系。当市场投资者能够给予上市公司充分的信任时，这种信任就会反映在股票市场中，也就是上市公司的股票会表现出具备更强的流动能力，反之则会使上市公司的股票“无人问津”。

股票流动性与“信息”同样具有相关性，上市公司在操弄盈余时，由于市场投资者无法及时、完整地知晓上市公司的真实情况，上市公司的股票流动性就会受到影响。Lang 和 Maffett（2011）、Ng（2011）、Sadka（2011）均指出上市公司的盈余管理行为与股票流动性之间存在相关性。金韵韵（2014）也指出，优质的盈余能够通过影响交易者的行为，对流动性产生积极影响。杨洁等（2017）的研究同样指出，上市公司盈余管理程度越强，则其股票的流动性风险越大。

那么，上市公司的真实盈余管理不仅会影响市场投资者的利益，也同样会对上市公司的信息产生影响，造成市场投资者与上市公司之间的信息不对称，但关于真实盈余管理会对上市公司股票流动性产生什么影响，现有文献并未给出相应的结论，而这就是本节研究的问题。

9.2.2 理论分析与研究假说

真实盈余管理影响了上市公司的信息发布以及信息质量，从而影响其股票流动性。一方面，从信息不对称的视角来看，真实盈余管理影响了上市公司发布的信息真实性，使得市场投资者无法获得足够的信息，造成上市公司与市场投资者之间形成信息不对称，于是市场投资者就无法对上市公司进行真实的分析，这不但会影响市场投资者对于上市公司股票的判断，以至于不愿意对该类上市公司的股票进行买卖，也会影响上市公司信息传递的效率与资源配置的效应，进而影响上市公司股票的流动性（胡华夏等，2018）。这一关系从图 9 -1 中可以表现出来。

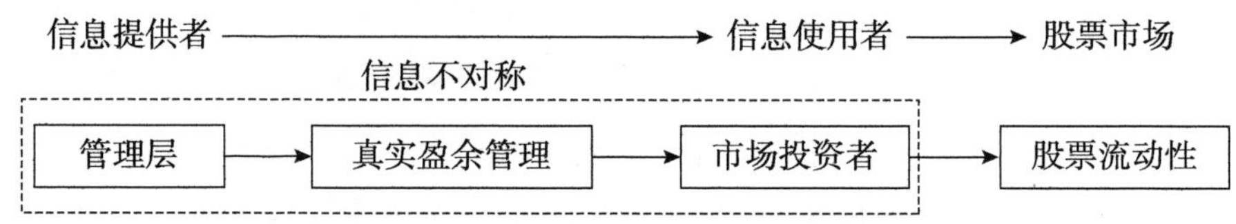

图 9 -1　信息不对称与股票流动性的关系

另一方面，真实盈余管理也会降低上市公司披露信息的透明度，降低市场投资者的决策有效性，使得市场投资者无法对上市公司进行正确的估值，于是市场投资者就不会盲目地进行交易，这同样会增加上市公司股票的交易难度与流动性风险（Lang et al. , 2013）。

因此，本书提出研究假说如下。

研究假说：上市公司真实盈余管理程度越高，则其股票流动性越差。

9.2.3　研究设计

1. 被解释变量：股票流动性（*ILLIQ*）

关于股票流动性的衡量，现有文献多以非流动性指标与收益反转指标衡量，本书参考 Amihud（2002）、张超林和杨竹青（2018）、闫红蕾和赵胜民（2018）等的研究，以非流动性指标（*ILLIQ*）进行相应定义。

指标 1：以上市公司回报率与交易金融进行定义。

$$ILLIQ_1 = \frac{1}{D_{i,t}} \sum_{d=1}^{D_{i,t}} \left(\frac{|r_{i,t,d}|}{V_{i,t,d}} \right) \times 100 \tag{9.6}$$

在公式（9.6）中，$r_{i,t,d}$ 为 t 日忽略红利再投资的股票回报率；$V_{i,t,d}$ 为 t 日股票交易金额，该指标以千万元计量单位；$D_{i,t}$ 为当年度交易天数。

指标2：以上市公司回报率与换手率进行定义。

$$ILLIQ_2 = \frac{1}{D_{i,t}} \sum_{d=1}^{D_{i,t}} \left(\frac{|r_{i,t,d}|}{TR_{i,t,d}} \right) \tag{9.7}$$

在公式（9.7）中，$r_{i,t,d}$ 与 $D_{i,t}$ 的定义与公式（8.6）相同，$TR_{i,t,d}$ 为 t 日股票换手率。

通过公式（9.6）与公式（9.7）构建的变量数值越大，则意味着股票流动性越差；反之变量数值越小，则意味着股票流动性越强。

2. 解释变量：真实盈余管理（$|RM|$）

真实盈余管理计量模型参考前文中 Roychowdhury（2006）原始模型及李彬等（2009）修正后的模型，分别对销售操控、费用操控及生产操控进行度量后的真实盈余管理绝对值衡量。

3. 控制变量

为控制对股票流动性影响的其他因素，本书分别加入资产总额（*Size*）、资产收益率（*ROA*）、资产负债率（*Debt*）、股权集中度（*H*10）为控制变量，具体各变量的解释与前文相同。

4. 实证模型

根据本书的研究需要以及所设计的相应变量，本节构建相应的实证模型以检验前文的研究假说。

$$\begin{aligned} ILLIQ_{i,t} = {} & \alpha_1 |RM_{i,t}| + \alpha_2 AW_{i,t} + \alpha_3 SEW_{i,t} + \alpha_4 \ln(Size)_{i,t} + \alpha_5 ROA_{i,t} \\ & + \alpha_6 Debt_{i,t} + \alpha_7 H10_{i,t} + C + \varepsilon_{i,t} \end{aligned} \tag{9.8}$$

在公式（9.8）中，股票流动性变量 *ILLIQ* 将根据对股票流动性的设计，分别设定为 $ILLIQ_1$ 与 $ILLIQ_2$。另外，C 为常数项，ε 为残差项，α 为待估系数。

5. 数据说明

与前文相似，本书在剔除中小板上市公司及缺失数据且无法补充的样本的基础上，最终得到2007—2017年测度真实盈余管理与股价崩盘风险关系的10968个样本。本节主要的数据来源分别包括锐思金融数据库、国泰君安数据库及色诺芬经济金融数据库。

9.2.4 实证回归结果

1. 描述性统计结果

表9－4列出本节样本的变量描述性统计结果。可以看出，被解释变量$ILLIQ_1$均值为0.034，变量$ILLIQ_2$均值为0.386，这与现有研究的统计结果并无实质性差异。在控制变量中，变量ln（*Size*）均值为22.241，表明样本上市公司资产规模约为45.61亿元，这与本节样本中剔除中小板上市公司有关；变量*ROA*均值为0.029，表明样本上市公司的净利润约占资产总额的2.9%；变量*Debt*均值为0.513，样本上市公司的负债总额约占资产总额的51.3%，样本上市公司的负债约为资产总额的一半以上；变量*H*10均值为0.165，表明样本上市公司的股权集中度并不高。

表9－4　描述性统计结果

变量	样本量	均值	中位数	最大值	最小值	标准差
$ILLIQ_1$	10968	0.034	0.016	1.014	0.000	0.050
$ILLIQ_2$	10968	0.386	0.251	8.874	0.000	0.476
|*RM*|	10968	0.574	0.460	4.751	0.000	0.506
ln（*Size*）	10968	22.241	22.144	28.070	15.577	1.279
ROA	10968	0.029	0.028	1.486	－3.994	0.084
Debt	10968	0.513	0.520	4.026	0.007	0.201
*H*10	10968	0.165	0.131	0.800	0.000	0.126

2. 相关性分析

表9－5给出本节样本主要变量的相关性检验结果。可以看出，被解释变量$ILLIQ_1$与$ILLIQ_2$间相关系数值为正，且相关系数数值较高，表明两个衡量股票流动性的指标具有相同的变化性。被解释变量$ILLIQ_1$与解释变量|*RM*|间存在正相关关系，能够通过常规置信水平的显著性检验，被解释变量$ILLIQ_2$与解释变量|*RM*|间存在负相关关系，且同样能够通过常规置信水平的显著性检验，这表明真实盈余管理程度与股票流动性之间存在相反的关系。相关性检验的结果初步验证了前文的研究假说。

表 9－5 相关性分析

	$ILLIQ_1$	$ILLIQ_2$	$\|RM\|$	ln（*Size*）	*ROA*	*Debt*	*H*10
$ILLIQ_1$	1						
$ILLIQ_2$	0.455***	1					
$\|RM\|$	0.013*	0.017*	1				
ln（*Size*）	－0.393***	0.102***	0.003	1			
ROA	－0.059***	0.109***	－0.003	0.101***	1		
Debt	0.031***	0.006	0.002	0.334***	－0.295***	1	
*H*10	0.000	0.261***	－0.005	0.315***	0.106***	0.036***	1

注：***、**、* 分别表示 1%、5% 和 10% 置信水平下通过显著性检验。

同时，从本节相关性分析的结果来看，解释变量与控制变量以及控制变量之间的相关性系数值并不高，这表明纳入同一回归模型的变量间并不存在明显的多重共线性问题。

3. **多元回归检验**

表 9－6 给出本节样本中检验真实盈余管理与股价崩盘风险关系的回归检验结果。各回归检验结果的 *F* 统计量均能够通过常规置信水平的显著性检验，这表明本节样本中的被解释变量的实际分布状况与由解释变量与控制变量构成的预测变量的分布状况之间并不存在明显的差异，从而认为本节回归检验结果的拟合状况较好。

具体到各解释变量的回归检验结果值，解释变量 $|RM|$ 与被解释变量 $ILLIQ_1$之间呈现正相关关系，能够通过 10% 置信水平的显著性检验，而解释变量 $|RM|$ 与被解释变量 $ILLIQ_2$之间也呈现正相关关系，且能够通过 5% 置信水平的显著性检验，这表明变量 $|RM|$ 数值越大，则变量 $ILLIQ_1$与 $ILLIQ_2$的数值也越大，即表明上市公司真实盈余管理程度越高，则市场投资者对于该上市公司股票的关注度以及购买力度会越低，从而导致上市公司股票的流动性越差，这验证了前文的研究假说。

从本书的经验证据来看，真实盈余管理会带来上市公司在股票市场中流动性的下降。一方面，上市公司对真实盈余的操弄会造成市场投资者与公司间

表 9-6　多元回归检验结果

	结果 1	结果 2
|*RM*|	0.001* (0.001)	0.018** (0.009)
ln（*Size*）	-0.020***	-0.003*
ROA	-0.023***	-0.499***
Debt	0.052***	0.048**
*H*10	0.060***	0.939***
C	0.444***	0.118***
Adj R^2	0.206	0.075
F	571.035***	179.511***

注：***、**、*分别表示1%、5%和10%置信水平下通过显著性检验，括号内为系数值的标准误差值。

的信息不对称，会使得市场投资者无法获得足够的信息，从而市场投资者就不会盲目地买进或卖出股票。另一方面，真实盈余管理会造成市场投资者利益的损失，也会降低市场投资者购入上市公司股票的意愿。

在控制变量的检验结果中，控制变量 ln（*Size*）与被解释变量间存在显著的负相关关系，表明资产规模越大的上市公司，其股票流动性会越强；控制变量 *ROA* 与被解释变量存在显著的负相关关系，表明盈利能力越强的上市公司，其股票流动性也会越强；控制变量 *Debt* 与被解释变量间存在显著的正相关关系，表明负债率越高的上市公司，其股票流动性会越弱；控制变量 *H*10 也与被解释变量间存在显著的正相关关系，表明股权集中度越强的上市公司，其股票流动性会越弱。

另外，为检验研究结论的稳健性，本节进行了与前文相似的稳健性检验。首先，将样本上市公司进行分组，分别组成深圳证券市场公司样本、上海证券市场公司样本后进行回归检验；其次，控制上市公司年度因素后分别进行回归检验；再次，为消除样本公司中极端样本的影响，本书分别对处于 0 ~ 1% 和 99% ~100% 的极端值样本进行处理后进行回归检验；最后，为了控制内部控制所存在的内生性问题，使用 Heckman 两阶段回归方法。从稳健性检验结果来看，不同稳健性回归检验的结果并未出现明显的差异，从而可以认为基于稳健性检验的结果，本节的研究结论是稳健的。

9.2.5 结论

真实盈余管理由于会造成市场投资者的信息缺失以及损害市场投资者的利益，会影响市场投资者对于上市公司股票的购买，进而影响上市公司的股票流动性。因此，本节实证检验了真实盈余管理对股票流动性的影响。研究发现，真实盈余管理影响了上市公司股票的流动性。具体来说，上市公司真实盈余管理程度越高，则其股票流动性越差。本书的研究结论表明，在中国上市公司中，真实盈余管理存在对股票流动性的破坏性。

真实盈余管理同样会造成市场投资者与上市公司之间的信息不对称，而这种信息不对称会明显地影响市场投资者的交易行为，从而使得上市公司股票的流动性被抑制。因此，完善上市公司信息披露，降低真实盈余管理过程中的信息不对称程度，对于活跃二级市场的交易、改善股票市场的流动性具有重要意义。

10 对策建议

从前文的相关研究来看，中国上市公司的真实盈余管理会对公司长期绩效产生一种负面影响，会破坏中小投资者的合法权益，管理层操弄真实盈余的最重要原因或目的就是获得相应的盈余管理收益。同时，前文的经验证据还表明，外部监管的审计行为与制度环境能够抑制真实盈余管理，内部监管的内部控制与独立董事机制也能够抑制真实盈余管理。这就意味着，中国上市公司并非是为了逃避内外部监管才进行真实盈余管理的，也就是说外部监管与内部监管能够较好地抑制中国上市公司的真实盈余管理行为。因此，依据前文得到的实证检验结果，本章将分别基于外部监管与内部监管的视角，提出相应的对策建议。

10.1 发挥外部监管优势，形成直接监管与间接监管合力

10.1.1 选择合适的会计师事务所，充分发挥外部审计的监督作用

前文的经验证据表明，高质量的外部审计行为能够抑制上市公司管理层的真实盈余管理行为。由于外部审计是监管上市公司真实盈余管理最直接、最重要的手段，高质量的外部审计可以直接发现上市公司管理层存在的“猫腻”，发现公司管理层行为中存在的违规行为及维护中小股东的行为，并可以通过审计报告的形式将其反映出来。而审计报告的存在又能够起到对上市公司管理层日常经营行为的一种约束力与威慑力，让管理层在进行真实盈余管理时，不得不考虑可能产生的后果。因此，外部审计的监督作用也就成为普通市场投资者的“保护伞”。

因此，从企业的视角来看，外部审计应该成为监督与约束上市公司真实盈余管理行为的首选方式，而在这一过程中，会计师事务所作为外部审计的直接执行者，也就成为发现与约束真实盈余管理最重要的一个环节。前文的经验证据也表明，大规模会计师事务所能够更好地起到对应计盈余管理的监管作用。于是，引导上市公司选择合适的会计师事务所就变得非常重要。一方面，应鼓励会计师事务所不断提升自身专业素质与职业道德水平，要求会计师事务所加强对注册会计师的持续学习要求，并鼓励上市公司选择大规模，尤其是将国际四大会计师事务所与国内十大会计师事务所作为首选；另一方面，继续加强对会计师事务所与上市公司之间关系的关注，完善会计师事务所的聘用和更迭机制，持续通过法律法规的方式，约束二者之间“同盟”关系的确立，降低二者之间勾结的可能性。

另外，还应加强外部审计的法律责任，即在对进行了较大规模真实盈余管理并对普通市场投资者造成利益损害的上市公司进行相应处罚的同时，对并没有发现这一问题的签名会计师事务所进行处罚，尤其是对出具了虚假审计报告的会计师事务所进行处罚。这一方面增加了上市公司进行真实盈余管理的成本，另一方面也对会计师事务所的日常工作提出更高的要求。其实，对会计师事务所的处罚并非是目的，而是希望通过这种相应的机制，确保外部审计行为能够真正起到作用，能够真正地对中小投资者起到保护的作用。

10.1.2 完善市场体系，加强制度环境的主动式监管

从政府的视角来看，市场体系的完备程度能够在一定程度上决定一个国家或地区的市场化进程的快慢，决定一个行业所处的外部环境的优劣，从而构成其他制度安排的制度约束与路径依赖。前文的经验证据也同样表明，外部制度环境的增强，能够对上市公司的真实盈余管理行为产生抑制作用，因此完善的外部制度环境所营造的市场体系和不断提升的市场化程度，能够有效地约束上市公司通过真实盈余管理攫取普通市场投资者利益的行为。在外部监管的行为中，外部审计的监管是一只“有形的手”，通过专门的监管约束影响对真实盈余的操弄。而制度环境所产生的约束作用则

是一只“无形的手”，是通过宏观治理完善外部制度环境中的各种要素市场，完善外部制度环境中的法律体系等，保证经营市场与资本市场中的透明度的提升，保证不同利益索取者之间的信息沟通，降低信息不对称的程度，通过综合提升公司治理水平，对上市公司的真实盈余管理行为形成约束。

与外部审计不同，外部制度环境的提升并非完全由企业决定，企业虽然是外部制度环境重要的参与者与利益关联者，但在一定程度上能够对制度环境起到主导作用的，是政府或行业协会。因此，应该加强政府或行业协会的主动式监管，加强政府或行业协会主动式监管在遏制真实盈余管理方面所能够发挥的作用。一方面，持续加强对投资者保护理念的重视程度。借鉴国外的相关经验，始终应将保护投资者权益作为监管的核心目标，这不但应该体现在政府对证券市场的监管部门，还应该体现在各个行业的主导部门中。另一方面，应明确监管主体，将监管的位置置于处罚的前面。应明确在政府层面或是行业协会层面是“谁”来监管上市公司的真实盈余管理行为，是“谁”来保护普通市场投资者不会因为上市公司的真实盈余管理行为而受到利益损害，虽然前文阐述了应加强对于真实盈余管理行为的处罚力度，但政府或行业协会应该更加重视监管，通过监管约束被处罚行为的发生。

当然，在提升外部制度环境的过程中，不得不注意的就是法律制度的完善。对于上市公司真实盈余管理的约束与处罚离不开相应法律制度的完善。一方面，完善的法律制度能够起到对监管体系的保护作用；另一方面，法律制度也能够对于政府或行业的行政手段起到更好的替代作用。所以，应加强在制度环境中的法律责任意识，从观念上增加上市公司进行真实盈余管理的成本，降低上市公司管理层的机会主义行为。同时，还应该从立法与执法层面完善已有的证券市场法律法规，通过法律的形式明晰处罚规定，做到处罚有法可依，并且建立完备的诉讼机制。

10.2 构建多层次内部监管体系，合理抑制管理层私利行为

10.2.1 明晰内部控制职责，形成内外监管有效结合

与外部审计所形成的外部监管相似，从企业的视角来看，内部控制同样是上市公司内部监管中最有效的手段，也是内部监控的“有形之手”。然而，上市公司必须对于内部控制的职责进行明确判定与责任的具体划分。通过明晰内部控制的职责，来提高内部控制信息的披露质量，有利于市场投资者更好地了解上市公司内部控制情况。更加清晰的内部控制职责规范能够让内部控制在外部审计监管之前就可以发现上市公司在真实盈余管理方面存在的问题，起到对上市公司的日常监督作用。

同时，通过明晰内部控制职责，更好地提升内部控制的质量，以高水平、高质量的内部控制，提升上市公司的公司治理水平，促进公司治理体系的完善。如前文所述，由于真实盈余管理会涉及上市公司的日常经营活动、现金流流动等问题，使得上市公司的内部控制并非一个一成不变的行为，因此就应该保持对内部控制职责分工的不断更新，保证内部控制的持续高质量，从而降低公司日常经营中存在的不确定性，增加上市公司的商业信用，提升市场投资者对上市公司的信心。

本书的经验证据也表明，高质量的内部控制能够对真实盈余管理产生相应的抑制作用，能够提升上市公司信息披露质量，提高投资者在使用内部控制信息时的决策可用性。而高质量的内部控制同时也刺激了外部审计质量的提升，不但能够保证外部审计的独立性，而且能够提升外部审计工作的积极性。因此，内部控制与外部审计之间可以形成一种良性的互动，通过内外部监管共同约束上市公司对真实盈余的操弄。

10.2.2 确保独立董事独立性，最大化发挥独立董事作用

“独立性”是独立董事制度能够发挥监督作用的最根本所在，是保持独立

董事制度旺盛生命力和有效发挥作用的核心因素。如果失去独立性，独立董事制度建立和存在的基础就不复存在，独立董事将成为管理层或是大股东的“代言”，即使独立董事人数再多，也无法发挥应发挥的作用。因此，确保独立董事的独立性，是发挥独立董事作用、约束真实盈余管理的最核心要素。虽然独立董事制度在中国上市公司中已经发展了十几年，上市公司认识到独立董事的作用，也进行了相应的制度规范，但必须指出的是，当前中国上市公司中，依然存在“任人唯亲”的独立董事。很多上市公司的独立董事是管理层执行者的朋友、同学、老师等，这在一定程度上使独立董事失去了独立性，这些独立董事也就不会真正地履行其监管的职责，不能够真正对上市公司的一些违规行为起到监督作用。所以，应持续地对独立董事的选拔机制进行规范，杜绝与管理层有直接或间接利益关系的群体进入独立董事团队中。

从本书的经验证据来看，独立董事比例的增加在一定程度上的确约束了上市公司的真实盈余管理行为，所以在保证独立董事独立性的基础上，提高独立董事比例是发挥独立董事监督作用的一个最基本的方法。虽然当前大多数的中国上市公司的独立董事比例能够达到三分之一的要求，但如前文所述，中国资本市场中存在“关系型”的独立董事，很多上市公司把聘请独立董事当作完成监管部门的任务，并没有主观地希望通过独立董事约束自身行为，而是以被动的心态去选择独立董事。因此，相关监管部门可以继续加大独立董事在董事会成员中占比的要求，从而让更多真正能够对上市公司起到监管作用的独立董事进入公司。

另外，本书的经验证据还表明，独立董事薪酬制度也是发挥独立董事作用的一种有效激励手段。但是需要注意的是，虽然薪酬的增加激励了独立董事认真工作，但是过高的薪酬也可能使得独立董事与管理层之间形成“勾结”，因此必须要注意对于独立董事的高薪“买卖”行为。

11 研究结论与展望

11.1 研究结论

本书在借鉴传统金融理论、行为金融理论并参考已有文献的基础上，通过测度中国上市公司真实盈余管理程度，检验中国上市公司真实盈余管理与应计盈余管理之间的关系，并基于获取利益视角、逃避外部监管视角及逃避内部监管视角，检验中国上市公司进行真实盈余管理的原因以及真实盈余管理对股票市场的影响，并根据所得实证结论提出相应的政策建议。本书具体研究结论如下。

（1）在对中国上市公司真实盈余管理程度的测度、年度及行业特征的分析以及真实盈余管理与应计盈余管理关系的检验中发现：第一，中国上市公司普遍存在进行真实盈余管理的行为；第二，中国上市公司中存在较为明显的真实盈余管理的行业差异，不同行业门类上市公司的真实盈余管理程度存在显著差异，而且这种差异是较为稳定的；第三，中国上市公司的真实盈余管理存在对应计盈余管理的“替代”效应，即中国上市公司的真实盈余管理与应计盈余管理之间存在明显的负向关系。

（2）在基于上市公司获取盈余管理利益视角，讨论中国上市公司利用真实盈余管理替代应计盈余管理的原因时发现，上市公司利用真实盈余管理替代应计盈余管理的根本原因在于能够获得足够的盈余管理收益。具体而言：第一，中国上市公司进行真实盈余管理能够追逐到更为稳定的盈余收益，基于前景理论可以发现，在以双重阈值与市场阈值为参照点，并将真实盈余管理的收益与风险分别视为直线型关系与对数型关系时，在盈利区间收益与风险表现为显著的正相关关系，即追逐利益的同时规避风险（成本），而在损失区间收益与风险表现为显著的负相关关系，即规避损失的同时偏好风险（成本），同时在收益区间的系数关系要平缓于损失区间的系数关系，而这一关系在应计盈余管理中却并不成立，可以看出真实盈余管理可以让上市公司获得稳定的盈余收益；第二，真实盈余管理能够让中国上市公司获得更好且时间更长的公司业绩，上市公司在真实盈余管理的过程中，能够向市场投资者表现出更好的业绩水平，从而获得比操弄应计盈余更多的盈余管理收益；第三，真实盈余管理能够让上市公司获得更少的市场投资者负向影响，在对盈余管理与现金股利政策关系进行的检验中，真实盈余管理与现金股利政策之间存在显著的负相关关系，而虽然应计盈余管理与现金股利政策之间也存在显著的负相关关系，但应计盈余管理产生的负向影响更强，说明与应计盈余管理相比，真实盈余管理对于市场投资者所产生的负向影响会更低，即上市公司进行真实盈余管理会比应计盈余管理更能够从市场投资者方面获得收益。

（3）在基于上市公司规避外部监管视角，讨论中国上市公司用真实盈余管理替代应计盈余管理的原因时发现，中国上市公司并不存在因为规避外部监管而操弄真实盈余的行为。具体而言：第一，外部审计行为能够抑制真实盈余管理，若会计师事务所为国际“四大”或国内“十大”、未更迭、审计收费更高，则上市公司真实盈余管理程度更低，而若会计师事务所出具了非标准无保留意见，则上市公司的真实盈余管理程度则更高；第二，外部制度环境能够抑制真实盈余管理，上市公司所处地区的市场化程度越高，则真实盈余管理程度会越低。

（4）在基于上市公司规避内部监管视角，讨论中国上市公司利用真实盈余管理替代应计盈余管理的原因时发现，中国上市公司并不存在因为规避内部监管而操弄真实盈余的行为。具体而言：第一，内部控制能够约束真实盈余管理，相较于没有自愿披露内部控制评价报告的上市公司，自愿披露内部控制评价报告的上市公司的真实盈余管理程度更低，而且能够发现内部控制存在缺陷的上市公司的真实盈余管理程度也更低；第二，独立董事制度能够约束真实盈余管理，独立董事比例越高的上市公司，其真实盈余管理程度会越低，独立董事薪酬水平越高的上市公司，其真实盈余管理程度同样会越低。

（5）在对中国上市公司真实盈余管理与股票市场关系的分析中发现，真实盈余管理对股票市场的健康发展产生了不良影响。具体而言，第一，真实盈余管理提升了上市公司股价崩盘风险，即真实盈余管理程度越高，则其股价的负收益偏态系数与收益波动率越高；第二，真实盈余管理降低了股票市场的流动性，即上市公司真实盈余管理程度越高，则其股票流动性越差。

（6）根据研究所得经验证据，对抑制中国上市公司真实盈余管理的检验方面，本书提出如下建议。第一，选择合适的会计师事务所，充分发挥外部审计的监督作用；第二，完善市场体系，加强政府与行业的主动式监管；第三，明晰内部控制职责，形成内外监管有效结合；第四，确保独立董事独立性，最大化发挥独立董事作用。

11.2 研究局限与展望

第一，2000 年后，美国上市公司连续出现财务丑闻案件，随着《萨班斯-奥克斯利法案》的颁布，市场投资者以及业界对应计盈余管理的关注程度越来越高，导致上市公司管理层更多地使用真实盈余管理，以获得自己需要的盈余管理收益。本书的经验证据也表明，真实盈余管理不但成为很多上市公司的首选，也让更多上市公司获得了比应计盈余管理更多的收益。然而，考虑到新会计准则实施后的会计指标衡量标准的统一性，本书样本年度从 2007 年开始，样本区间不到 10 年。而随着时间的推移，上市公司管理层对于真实盈余操弄程度的增加，真实盈余管理对于企业业绩产生的破坏性会逐渐地显现出来，对于市场投资者造成的损失也会逐渐显现，而且真实盈余管理本身也还会不断出现新情况。因此，对于真实盈余管理保持持续的关注，应是学术界与实务界共同的问题。

第二，本书基于行为金融学视角中的前景理论，分析了中国上市公司操弄真实盈余的原因，发现从行为金融学视角来看，上市公司操弄真实盈余能够获得更多的盈余管理收益。然而，行为金融学所包含的内容非常多，本书仅通过前景理论对真实盈余管理进行了相应的分析。而行为金融学中的锚定理论、有限理性理论等，也可以用来分析上市公司盈余管理的问题；行为金融学中涉及的高管特征问题，如高管过度自信及高管性别特征等对于真实盈余管理所产生的影响，也将是下一步研究需要关注的内容。

第三，上市公司操弄真实盈余的原因有很多，除了本书基于获取利益因素、规避外部监管因素及规避内部监管因素的分析外，还包括信息的不对称、股东间制衡与合谋的因素及管理层利益因素等。然而，由于篇幅限制，这些因素是本书并没有研究的方面，也将是下一步研究需要关注的内容。

参考文献

[1] COHEN D A, DEY A, LYS T Z. Real and accrual – based earnings management in the Pre – and Post – Sarbanes – Oxley Periods [J]. The Accounting Review, 2008, 83 (3): 757 –787.

[2] 蔡春，朱荣，谢柳芳. 真实盈余管理研究述评 [J]. 经济学动态，2011 (12): 125 –130.

[3] SCHIPPER K. Commentary on earnings management [J]. Accounting Horizons, 1989, 3 (4): 91 –102.

[4] CHI W C, LISIC L L, PEVZNER M. Is enhanced audit quality associated with greater real earnings management [J]. Accounting Horizons, 2011, 25 (2): 315 –335.

[5] ROYCHOWDHURY S. Earnings management through real activities manipulation [J]. Journal of accounting and economics, 2006, 42 (3): 335 –370.

[6] SCOTT W R. Financial accounting theory [M]. Toronto: Prentice Hall, 1997.

[7] HEALY K, PALEPU G. Effectiveness of accounting – based dividend covenants [J]. Journal of Accounting and Economics, 1990, 12 (1): 97 –124.

[8] GUNNY K A. The relation between earnings management using real activities manipulation and future performance: evidence from meeting earnings benchmarks [J]. Contemporary Accounting Research, 2010, 27 (3): 855 –888.

[9] CHANDLER A D. The visible hand: the managerial revolution in American business [M]. Cambridge: Harvard University Press, 1977.

[10] CHANDLER A D. Scale and scope: the dynamics of industrial capital-

ism [M]. Cambridge: Harvard University Press, 1990.

[11] BERLE A, MEANS G. The modern corporation and private property [M]. New York: Commerce Clearing House, 1932.

[12] JENSEN M, MECKLING W. Theory of the firm: managerial behavior, agency costs and ownership structure [J]. Journal of Financial Economics, 1976, 3 (4): 305 -360.

[13] 杨林. 管家理论与代理理论的比较分析 [J]. 外国经济与管理, 2004 (2): 22 -27.

[14] EISENHARDT K. Agency - and institutional - theory explanations: the case of retail sales compensation [J]. Academy of Management Journal, 1988, 31 (3): 488 -511.

[15] HOLMSTROM B. Moral hazard and observability [J]. The Bell Journal of Economics, 1979, 10 (1): 4 -29.

[16] HOLMSTROM B, MILGROM P. Aggregation and linearity in the provision of intertemporal incentives [J]. Econometrica, 1988, 55 (2): 303 -328.

[17] HOLMSTROM B, MILGROM P. Multitask principal - agent analysis: incentive contracts, asset ownership, and job design [J]. Journal of Law, Economics & Organization, 1991, 7 (S): 24 -52.

[18] MORCK R, SHLEIFER A, VISHNY R. Management ownership and market valuation: an empirical analysis [J]. Journal of Financial Economics, 1988, 20 (1): 293 -315.

[19] 冯根福. 双重委托代理理论：上市公司治理的另一种分析框架——兼论进一步完善中国上市公司治理的新思路 [J]. 经济研究, 2004 (12): 16 -25.

[20] 斯达德勒·因内思·马可, 卡斯特里罗·大卫·佩雷斯. 信息经济学引论 [M]. 管毅平译. 上海: 上海财经大学出版社, 2004.

[21] 蔡宁, 魏明海. 股东关系、合谋与大股东利益输送——基于解禁股份交易的研究 [J]. 经济管理, 2011 (9): 63 -74.

[22] ROZEFF M. Growth, beta and agency costs as determinants of dividend

payout ratios [J]. Journal of Financial Research, 1982, 4 (3): 249 –259.

[23] EASTERBROOK F H. Two agency – cost explanations of dividends [J]. American Economic Review, 1984, 74 (4): 650 –659.

[24] 曹国华，林川，单单. 基于跨期侵占视角的控股股东跨期减持行为 [J]. 系统工程理论与实践，2013 (6): 1380 –1388.

[25] LANG H P, STULZ R M. Tobin's Q, corporate diversification and firm performance [J]. Journal of Political Economy, 1994, 102 (6): 1248 –1280.

[26] 王福胜，王摄琰. CEO 变更与企业价值关系的实证模型 [J]. 管理科学，2012 (1): 15 –24.

[27] FAMA E F, JENSEN M C. Separation of ownership and control [J]. Journal of Law and Economics, 1983, 26 (2): 301 –325.

[28] JOHNSON J, DAILY C, ELLSTRAND A. Boards of directors: a review and research agenda [J]. Journal of Management, 1996, 22 (3): 409 –438.

[29] WARFIELD T D, WILD J J, WILD K L. Managerial ownership, accounting choices, and informativeness of earnings [J]. Journal of Accounting and Economics, 1995, 20 (1): 61 –91.

[30] BURGSTAHLER D, DICHEV I. Earnings management to avoid earnings decreases and losses [J]. Journal of Accounting and Economics, 1997, 24 (1): 99 –126.

[31] TEOH S H, WONG T J, TAO G R. Are accruals during initial public offerings opportunistic [J]. Review of Accounting Studies, 1998, 3 (1): 175 –208.

[32] 李延喜，董文辰. 委托代理冲突、公司治理机制与上市公司盈余管理 [J]. 大连理工大学学报（社会科学版），2009 (3): 1 –7.

[33] 宋承军，王永健. 代理成本和应计及真实盈余管理——基于产权视角的实证研究 [J]. 南京财经大学学报，2015 (3): 49 –63.

[34] 程小可，钟凯，杨鸣京. 民营上市公司 CEO 持股缓解了代理冲突吗？——基于真实活动盈余管理视角的分析 [J]. 审计与经济研究，2015 (4): 13 –21.

[35] KEYNES J M. The general theory of employment, interest and money

[M]. New York and London: Harcourt Brace and Co, 1936.

[36] TVERSKY A, KAHNEMAN D. Judgement under uncertainty: heuristics and biases [J]. Science, 1974, 185 (9): 1124 - 1131.

[37] KAHNEMAN D, TVERSKY A. Prospect theory: an analysis of decision under risk [J]. Econometrica, 1979, 47 (2): 263 - 291.

[38] DEBONDT W F M, THALER R. Does the stock market overreact [J]. Journal of Finance, 1985, 40 (3): 793 - 805.

[39] FAMA E, FRENCH K. Disappearing dividends: changing firm characteristics or lower propensity to pay [J]. Journal of Financial Economics, 2001, 60 (1): 3 - 44.

[40] BAKER M, WURGLER J. A catering theory of dividends [J]. Journal of Finance, 2004a, 59 (3): 1125 - 1165.

[41] BAKER M, WURGLER J. Appearing and disappearing dividends: the link to catering incentives [J]. Journal of Financial Economics, 2004b, 73 (2): 271 - 288.

[42] BERNARDO A E, WELCH I. On the evolution of overconfidence and entrepreneurs [J]. Journal of Economics & Management Strategy, 2001, 10 (3): 301 - 330.

[43] LANDIER A, THESMAR D. Financial contracting with optimistic entrepreneurs [J]. Review of Financial Studies, 2009, 22 (1): 117 - 150.

[44] 杨汉明, 吴丹红, 李翔. 企业社会责任信息披露羊群效应特征分析 [J]. 财务与会计, 2012, (8): 61 - 63.

[45] CHEN J, HONG H, STEIN C. Forecasting crashes [J]. Journal of Financial Economics, 2001, 61 (3): 345 - 381.

[46] BROOKS C, KATSARIS A. A three - regime model of speculative behavior: modelling the evolution of bubbles in the S&P 500 composite index [J]. The Economical Journal, 2005, 115 (505): 767 - 797.

[47] 兰艳泽, 刘贞. 行为经济学视角下的盈余管理动因分析 [J]. 广东商学院学报, 2010, 25 (4): 74 - 77.

[48] 曲晓辉，邱月华．强制性制度变迁与盈余稳健性——来自深沪证券市场的经验证据 [J]．会计研究，2007 (7)：21－28.

[49] SHEN C H，CHIH H L. Investor protection，prospect theory，and earnings management：an International comparison of the banking industry [J]. Journal of Banking and Finance，2005，29 (10)：2675－2697.

[50] 林川，曹国华．中国商业银行盈余管理研究——一个前景理论视角的解释 [J]．金融论坛，2012 (11)：17－22.

[51] 曾爱民，傅元略，陈高才．我国上市公司盈余管理阈值研究——基于前景理论视角 [J]．当代财经，2009 (10)：123－129.

[52] 曾妍琪，张婕．基于前景理论的上市公司阈值处盈余管理研究[J]．投资研究，2015 (10)：142－150.

[53] 吴泽福，陈金龙，吴捷．盈余管理、审计怀疑与诉讼风险溢价[J]．中国管理科学，2014 (12)：26－33.

[54] 何威风，刘启亮，刘永丽．管理者过度自信与企业盈余管理行为研究 [J]．投资研究，2011 (11)：73－92.

[55] 张利，胡华夏，杨雪琳．管理者过度自信与上市公司盈余管理[J]．财会月刊，2015 (5)：10－14.

[56] GRAHAM J R，HARVEY C R，RAJGOPAL S. The economic implications of corporate financial reporting [J]. Journal of Accounting and Economics，2005，40 (3)：3－73.

[57] LIN S，RADHAKRISHNAN S，SU L X. Earnings management and guidance for meeting or beating analysts' earnings forecasts [Z]. SSRN Working Paper，2006.

[58] TAYLOR G K，XU R Z. Consequences of real earnings management on subsequent operating performance [J]. Research in Accounting Regulation，2010，22 (2)：128－132.

[59] 张俊瑞，李彬，刘东霖．真实活动操控的盈余管理研究——基于保盈动机的经验证据 [J]．数理统计与管理，2008 (5)：918－927.

[60] 胡志磊，周思维．上市公司真实盈余管理的动机——基于实证会计

理论“三大假设”的视角［J］. 财会通讯，2012（6）：68－71.

［61］ZANG A. Evidence on the tradeoff between real manipulation and accrual manipulation［J］. The Accounting Review，2012，87（2）：675－703.

［62］BRUNS W J，MERCHANT K A. The dangerous morality of managing earnings［J］. Management Accounting，1990，72（2）：22－26.

［63］ALHADAB M，CLACHER I，KEASEY K. Effects audit quality on real and accrual earnings management and subsequent return performance：evidence from IPOs［Z］. SSRN Working Paper，2013.

［64］WONGSUNWAI W. The effect of external monitoring on accrual－based and real earnings management：evidence from venture－backed initial public offerings［J］. Contemporary Accounting Research，2013，30（1）：296－324.

［65］范经华，张雅曼，刘启亮. 内部控制、审计师行业专长、应计与真实盈余管理［J］. 会计研究，2013（4）：81－88.

［66］李江涛，何苦. 上市公司以真实盈余管理逃避高质量审计监督的动机研究［J］. 审计研究，2012（5）：58－67.

［67］刘霞. 高质量审计能够抑制真实盈余管理吗？［J］. 贵州财经大学学报，2014（4）：54－62.

［68］张金若，余倩，高洁. 会计师事务所合伙转制是否降低了上市公司应计和真实盈余管理［J］. 财会月刊，2015（12）：28－33.

［69］刘建伟，郑开焰. 内控缺陷与真实盈余管理的关联性研究——基于上市公司强制性内控信息披露的证据［J］. 东南学术，2014（5）：72－80.

［70］王静，郝东洋，张天西. 新准则实施后的会计师事务所声誉与审计质量差异——基于应计和真实盈余管理的双重分析视角［J］. 上海经济研究，2013（9）：89－99.

［71］李远慧，李晓. 内部控制审计、内部控制缺陷与真实盈余管理——来自中国A股市场的证据［J］. 东南大学学报（哲学社会科学版），2018（4）：47－55.

［72］吴勇，陈若旸，朱卫东. 内部控制质量对真实盈余管理的影响研究——基于强制性内部控制审计及评价报告的实证研究［J］. 华东经济管理，

2018（5）：149－156.

［73］COHEN D，ZAROWIN P. Accrual－based and real earnings management activities around seasoned equity offerings［J］. Journal of Accounting and Economics，2010，50（2）：2－19.

［74］刘启亮，何威风，罗乐．IFRS 的强制采用、新法律实施与应计及真实盈余管理［J］．中国会计与财务研究，2011（3）：57－121.

［75］曹国华，林川．大非减持与真实盈余管理［J］．数理统计与管理，2014（1）：181－190.

［76］唐伟杰，薛永江．CEO 权利及变更、事务所行业专长与真实盈余管理［J］．财会通讯，2013（8）：40－43.

［77］岑维，董娜琼．高管任期、盈余质量与真实盈余管理［J］．现代财经（天津财经大学学报），2015（6）：55－69.

［78］冯红卿，佟岩，华晨．上市公司控制权转移中的应计项盈余管理与真实盈余管理［J］．会计与经济研究，2013（4）：18－29.

［79］杨松令，董香兰，刘亭立．关系股东生态位对真实盈余管理的影响研究——来自沪深 A 股市场的经验证据［J］．金融理论与实践，2015（9）：87－91.

［80］EDELSTEIN R H，LIU P，TSANG D. Real earnings management and dividend payout signals：A study for U. S. real estate investment trusts［C］. 2008 Annual Conference Paper（CAAA），2008.

［81］谢柳芳，朱荣，何苦．退市制度对创业板上市公司盈余管理行为的影响——基于应计与真实盈余管理的分析［J］．审计研究，2013（1）：95－102.

［82］喻凯，伍辉念．基于企业生命周期的应计与真实盈余管理研究［J］．求索，2013（9）：32－34.

［83］李彬，张俊瑞．生产操控与未来经营业绩关系研究：来自中国证券市场的证据［J］．现代管理科学，2008（9）：94－95.

［84］李彬，张俊瑞．销售操控与未来经营业绩关系研究：来自中国证券市场的证据［J］．经济问题探索，2009a（3）：157－162.

[85] 李彬，张俊瑞．真实活动盈余管理的经济后果研究——以费用操控为例 [J]. 华东经济管理，2009b (2)：71－76.

[86] BEATRIZ G O. Board independence and real earnings management：the case of R&D expenditure [J]. Corporate Governance，2008，16 (2)：116－131.

[87] 许慧，林芳．真实盈余管理经济后果研究——基于中国资本市场的经验证据 [J]. 财会通讯，2013 (7)：61－64.

[88] TRIKI D S，HALIOUI K. Accounting treatment of R&D expenditures and earnings management：an empirical study on french listed companies [J]. Global Business and Economics Research Journal，2013，2 (1)：50－71.

[89] GUNNY K A. What are the consequences of real earnings management [Z]. University of Colorado Working Paper，2005.

[90] 陈奕巧．真实盈余管理对企业未来业绩的影响 [J]. 经济视角，2011 (4)：154－155.

[91] 傅蕴英，姚莹．真实盈余管理及其经济后果研究 [J]. 财会月刊，2013 (2)：18－21.

[92] 蔡春，李明，和晖．约束条件、IPO 盈余管理方式与公司业绩——基于应计盈余管理与真实盈余管理的研究 [J]. 会计研究，2013 (10)：35－42.

[93] 王福胜，吉珊珊，程富．盈余管理对上市公司未来经营业绩的影响研究——基于应计盈余管理与真实盈余管理比较视角 [J]. 南开管理评论，2014 (2)：95－106.

[94] ZHAO Y J，CHEN K H，ZHANG Y Q，et al. Takeover protection and managerial myopia：evidence from real earnings management [J]. Journal of Accounting and Public Policy，2012，31 (1)：109－135.

[95] 周爱民，遥远．真实盈余管理、监督压力与股价崩盘风险 [J]. 上海金融，2018 (7)：1－6.

[96] 姚靠华，唐家财，蒋艳辉．机构投资者异质性、真实盈余管理与现金分红 [J]. 山西财经大学学报，2015 (7)：85－98.

[97] 孙戈兵．真实盈余管理、多元化与公司价值的关联性 [J]. 财会月

刊，2016（2）：24－29.

［98］李彬，张俊瑞．实际活动盈余管理的经济后果研究：来自销售操控的证据［J］．管理评论，2010（9）：84－92.

［99］KIM J B，SOHN B C. Real versus accrual－based earnings management and implied cost of equity capital［Z］. SSRN Working Paper，2009.

［100］KIM J B，SOHN B C. Real earnings management and cost of capital［J］. Journal of Accounting and Public Policy，2013，32（6）：518－543.

［101］李彬，张俊瑞，郭慧婷．会计弹性与真实活动操控的盈余管理关系研究［J］．管理评论，2009（6）：99－107.

［102］李彬，张俊瑞，曾振．实际活动操控、应计项目操控与会计弹性［J］．管理评论，2011（11）：160－168.

［103］罗琦，王悦歌．真实盈余管理与权益资本成本——基于公司成长性差异的分析［J］．金融研究，2015（5）：178－191.

［104］李留闯，李彬．真实活动盈余管理影响审计师的风险决策吗?［J］．审计与经济研究，2015（5）：44－54.

［105］SOHN B C. Do auditors care about real earnings management in their audit fee decisions［Z］. SSRN Working Paper，2011.

［106］GREINER A J，KOHLBECK M J，SMITH T J. Do auditors perceive real earnings management as a business risk［Z］. SSRN Working Paper，2013.

［107］崔云，唐雪松．审计师法律责任风险关注度与真实盈余管理行为［J］．审计研究，2015（6）：60－69.

［108］管考磊．行业专长、审计任期与真实盈余管理［J］．中国注册会计师，2016（3）：62－67.

［109］向锐，杨雅婷．审计委员会主任背景特征与公司盈余管理——基于应计与真实盈余管理的研究［J］．审计与经济研究，2016（3）：31－40.

［110］曹国华，骆连虎．内部控制、会计师事务所选择与真实盈余管理——基于深市A股上市公司的经验证据［J］．南京审计学院学报，2015（3）：45－52.

［111］徐虹，林钟高，王鑫．关系型交易、内部控制与盈余管理——基

于应计与真实盈余管理的经验证据［J］. 会计与经济研究，2015（3）：57－77.

［112］季敏，金贞姬. 民营上市公司董事会特征与真实盈余管理相关性研究［J］. 财会通讯，2013（30）：43－45.

［113］徐爱勤，陈旭东. 董事会治理能否抑制真实盈余管理［J］. 财会通讯，2015（33）：105－108.

［114］童娜琼，岑维，谢思东. 有财务背景的当地独立董事和真实盈余管理［J］. 财会月刊，2015（30）：3－9.

［115］缪毅，管悦. 制度环境与机构投资者治理——基于真实盈余管理的视角［J］. 证券市场导报，2014（10）：18－23.

［116］汪鹭萍. 媒体报道与企业真实盈余管理行为研究［J］. 现代商业，2014（29）：164－165.

［117］HEALY P M. The effect of bonus schemes on accounting decisions［J］. Journal of Accounting and Economics，1985，7（1）：85－107.

［118］DEANGELO L E. Accounting numbers as market valuation substitutes：a study of management buyouts of public stockholders［J］. Accounting Review，1986，61（3）：400－420.

［119］JONES J. Earnings management during import relief investigations［J］. Journal of Accounting Research，1991，29（2）：193－228.

［120］DECHOW P M，KOTHARI S P，WATTS R L. The relation between earnings and cash flows［J］. Journal of Accounting and Economics，1998，25（2）：133－168.

［121］KANG S，SIVARAMAKRISHNAN K. Issues in testing earnings management and an instrumental variable approach［J］. Journal of Accounting Research，1995，33（2）：353－367.

［122］DECHOW P M，RICHARDSON S A，TUNA I. Why are earnings kinky? An examination of the earnings management explanation［J］. Review of Accounting Studies，2003，8（2）：355－384.

［123］KOTHARI S P，LEONE A J，WASLEY C E. Performance matched

discretionary accrual measures [J]. Journal of Accounting and Economics, 2005, 39 (1): 163 -197.

[124] 陈武朝，张泓．盈余管理——审计师变更与审计师独立性 [J]. 会计研究，2004 (8): 81 -86.

[125] DEGEORGE F, PATEL J, ZECKHAUSER R. Earnings management to exceed thresholds [J]. Journal of Business, 1999, 72 (1): 1 -33.

[126] LEUZ C D, NANDA P, WYSOCKI D. Earnings management and investor protection: an international comparison [J]. Journal of Financial Economics, 2003, 69 (3): 505 -527.

[127] CHIH H L, SHEN C H, KANG F C. Corporate social responsibility, investor protection, and earnings management: some international evidence [J]. Journal of Business Ethics, 2007, 79 (1): 179 -198.

[128] 艾林，曹国华．商业银行盈余管理与经营绩效 [J]. 管理世界，2013 (11): 174 -175.

[129] 林川，曹国华．盈余管理、社会责任、外部治理与银行创新能力 [J]. 金融论坛，2014 (12): 3 -9.

[130] BARTOV E. The timing of asset sales and earnings manipulation [J]. The Accounting Review, 1993, 68 (4): 840 -855.

[131] ELLIOTT J, HANNA J. Repeated accounting write -offs and the information content of earnings [J]. Journal of Accounting Research, 1996, 34 (1): 135 -155.

[132] BANGE M M, BONDT W F. R&D budgets and corporate earnings targets [J]. Journal of Corporate Finance, 1998, 4 (2): 153 -184.

[133] 王亮亮．真实活动盈余管理与权益资本成本 [J]. 管理科学，2013 (5): 87 -99.

[134] BARTON J, SIMKO P J. The balance sheet as an earnings management constraint [J]. The Accounting Review, 2002, 77 (6): 1 -27.

[135] LIU C C, RYAN S G. Income smoothing over the business cycle: changes in banks' coordinated management of provisions for loan losses and loan

charge – offs from the pre – 1990 bust to the 1990s boom [J]. The Accounting Review, 2006, 81 (2): 421 – 441.

[136] 高媛媛. 审计质量与真实盈余管理的关系研究——基于与应计盈余管理比较的视角 [J]. 会计之友, 2015 (5): 108 – 113.

[137] 王敏. 真实盈余管理与应计盈余管理关系研究 [J]. 财会通讯, 2015 (3): 60 – 63.

[138] MATSUURA S. On the relation between real earnings management and accounting earnings management: income smoothing perspective [J]. Journal of International Business Research, 2008, 7 (3): 63 – 76.

[139] HASHEMI S A, RABIEE H. The relation between real earnings management and accounting earnings management: evidence from Iran [J]. Business and Management Review, 2011, 1 (8): 25 – 33.

[140] 林芳, 冯丽丽. 管理层权力视角下的盈余管理研究——基于应计及真实盈余管理的检验 [J]. 山西财经大学学报, 2012 (7): 96 – 104.

[141] 王良成. 应计与真实盈余管理——替代抑或互补 [J]. 财经理论与实践, 2014 (3): 66 – 72.

[142] 周晓苏, 陈沉. 从生命周期视角探析应计盈余管理与真实盈余管理的关系 [J]. 管理科学, 2016 (1): 108 – 122.

[143] FRANCIS J R, MAYDEW E L, SPARKS H C. The role of big 6 auditors in the credible reporting of accruals [J]. Auditing: A Journal of Practice and Theory, 1999, 18 (2): 17 – 34.

[144] 郭鹏飞, 孙培源. 资本结构的行业特征——基于中国上市公司的实证研究 [J]. 经济研究, 2003 (5): 66 – 73.

[145] 郭鹏飞, 杨朝军. 公司业绩与股价收益——基于行业特征的实证分析 [J]. 证券市场导报, 2003 (7): 74 – 76.

[146] 林朝南, 刘星, 郝颖. 行业特征与控制权私利——来自中国上市公司的经验证据 [J]. 经济科学, 2006 (3): 61 – 72.

[147] 曹国华, 林川. 行业差异与大股东减持行为 [J]. 中国流通经济, 2013 (1): 117 – 122.

［148］权小锋，滕明慧，吴世农．行业特征与现金股利政策——基于2004—2008年中国上市公司的实证研究［J］．财经研究，2010（8）：122－132.

［149］周建，孟圆圆，刘小元．公司现金持有与行业差异、股权结构的关系研究——信息技术类与非信息技术类上市公司的比较［J］．经济与管理研究，2009（8）：28－36.

［150］金颖．基于行业差异的R&D持续投入与公司绩效的实证研究［J］．山东社会科学，2011（10）：157－160.

［151］陈武朝．经济周期、行业周期性与盈余管理程度——来自中国上市公司的经验证据［J］．南开管理评论，2013（3）：26－35.

［152］周夏飞，周强龙．产品市场势力、行业竞争与公司盈余管理——基于中国上市公司的经验证据［J］．会计研究，2014（8）：60－66.

［153］CLARKE R N. SICs as delineators of economic markets［J］. Journal of Business，1989，30（12）：17－31.

［154］GUENTHER D A，ROSMAN A J. Differences between COMPUSTAT and CRSP SIC codes and related effects on research［J］. Journal of Accounting and Economics，1994，18（1）：115－128.

［155］KAHLE K M，WALKLING R A. The impact of industry classifications on financial research［J］. Journal of Financial and Quantitative Analysis，1996，31（9）：309－335.

［156］SCOTT D F，MARTIN J D. Industry influence on financial structure［J］. Financial Management，1975，4（1）：67－73.

［157］李婉丽，陈丽英，吕怀立．盈余重述与真实活动操控——以高报盈余的重述公司为例［J］．审计与经济研究，2011（4）：69－76.

［158］李增福，唐春阳．中国上市公司股利分配行业差异的实证研究［J］．当代经济科学，2004（5）：71－75.

［159］夏立军．盈余管理计量模型在中国股票市场的应用研究［J］．中国会计与财务研究，2003（2）：94－122.

［160］刘力，马贤明．审计委员会与审计质量——来自中国A股市场的

经验证据 [J]. 会计研究，2008 (7)：84 -89.

[161] KOONCE L，MERCER M. Using psychology theories in archival financial accounting research [J]. Journal of Accounting Literature，2005，24 (5)：175 -214.

[162] 卢太平，张东旭. 融资需求、融资约束与盈余管理 [J]. 会计研究，2014 (1)：35 -41.

[163] 曹国华，鲍学欣，王鹏. 审计行为能够抑制真实盈余管理吗? [J]. 审计与经济研究，2014 (1)：38 -46.

[164] BARTH M，LANDSMAN W，LANG M. International accounting standards and accounting quality [J]. Journal of Accounting Research，2008，46 (3)：467 -498.

[165] CHEN J Z，REES L，SIVARAMAKRISHNAN K. On the use of accounting vs real earnings management to meet earnings expectations：a market analysis [Z]. University of Colorado Working Paper，2010.

[166] FIEGENBAUM A. Prospect theory and risk - return association：an empirical examination in 85 industries [J]. Journal of Economics Behavior and Organization，1990，14 (2)：187 -203.

[167] 刘旻，蒋正华，王建伟. 中国上市公司盈利管理与股票价格关系的实证研究 [J]. 系统工程，2005 (4)：39 -43.

[168] HEALY P，WAHLEN J. A review of the earnings management literature and its implications for standard setting [J]. Accounting Horizons，1999，13 (4)：365 -383.

[169] DENIS D J，DENIS D K. Performance changes following top management dismissals [J]. Journal of Finance，1995，50 (4)：1029 -1058.

[170] 罗爽，陈祚. 基于盈余管理的公司业绩研究 [J]. 会计之友，2010 (7)：72 -73.

[171] 顾鸣润，田存志. IPO 后业绩变脸与真实盈余管理分析 [J]. 统计与决策，2012 (1)：164 -167.

[172] 廖理，许艳. 不同盈余管理手段对于上市公司业绩的影响研究

[J]. 系统工程理论与实践，2005 (8): 24 - 31.

[173] 李卓，宋玉. 上市公司股利政策与盈余质量关系的实证研究 [J]. 中大管理研究，2007 (2): 89 - 110.

[174] 陈工孟，高宁. 盈余和股利信息含量的交互作用 [J]. 财经研究，2005 (3): 58 - 66.

[175] 魏锋，孔煜. 盈余变动下的公司股利政策 [J]. 重庆大学学报（自然科学版），2005 (11): 151 - 153.

[176] 黄桂杰，王洪会. 上市公司股利分配中的盈余管理初探 [J]. 当代经济研究，2002 (10): 59 - 62.

[177] 刘秀莉. 盈余管理与现金股利政策——来自中小板上市公司的经验证据 [J]. 时代金融，2014 (20): 185 - 186.

[178] 周钰颖，林川. 盈余管理、社会责任与现金股利倾向 [J]. 技术经济与管理研究，2015 (12): 67 - 71.

[179] LINTNER J. Distribution of incomes of corporations among dividends, retained earnings and taxes [J]. American Economic Review, 1956, 46 (2): 97 - 113.

[180] 曹媛媛. 盈余变动与股利分配行为选择——基于我国上市公司的实证研究 [J]. 经济管理，2003 (24): 68 - 74.

[181] FAMA E F, BABIAK H. Dividend policy: an empirical analysis [J]. Journal of American Statistical Association, 1968, 63 (3): 1132 - 1161.

[182] LA PORTA R, LOPEZ - DE - SILANES F, SHLEIFER A, et al. Agency problems and dividend policies around the world [J]. Journal of Finance, 2000, 55 (1): 3 - 27.

[183] 张敏，朱小平. 基于实际活动操控的盈余管理研究——国外文献述评及启示 [J]. 经济与管理研究，2012 (2): 106 - 119.

[184] 彭江平，郑琦. 盈余管理对股利政策影响的实证研究 [J]. 统计教育，2007 (3): 54 - 57.

[185] 刘宝森，巴曙松，曹国华. 分红政策的变迁对上市公司盈余管理的诱导效应——基于 DID 模型 [J]. 金融与经济，2016 (1): 4 - 9.

[186] 邓建平，曾勇．上市公司家族控制与股利决策研究［J］. 管理世界，2005（7）：139－147.

[187] 熊德华，刘力．股利支付决策与迎合理论——基于中国上市公司的实证研究［J］. 经济科学，2007（5）：89－99.

[188] DEFOND M，JIAMBALVO J. Incidence and circum stances of accounting errors［J］. The Accounting Review，1991，66（3）：643－655.

[189] 蔡春，黄益建，赵莎．关于审计质量对盈余管理影响的实证研究——来自沪市制造业的经验证据［J］. 审计研究，2005（2）：3－10.

[190] 倪慧萍．审计委员会、会计师事务所规模与盈余管理抑制——来自2005年我国A股上市公司的实证研究［J］. 生产力研究，2010（9）：3－10.

[191] 顾鸣润．金融危机、审计质量与真实活动盈余管理［J］. 山东社会科学，2013（4）：154－157.

[192] DEANGELO L E. Auditor size and audit quality［J］. Journal of Accounting and Economics，1981，3（3）：183－199.

[193] DYE R. Auditing standards，legal liability and auditor wealth［J］. Journal of Political Economy，1993，101（5）：887－914.

[194] 漆江娜，陈慧霖，张阳．事务所规模、品牌、价格与审计质量——国际“四大”中国审计市场收费与质量研究［J］. 审计研究，2004（3）：59－65.

[195] MYERS J N，MYERS L A，OMER T C. Exploring the term of the auditor－client relationship and the quality of earnings：a case for mandatory auditor rotation［J］. The Accounting Review，2003，78（3）：79－799.

[196] GHOSH A，MOON D. Auditor tenure and perceptions of audit quality［J］. The Accounting Review，2005，80（2）：585－612.

[197] 曹国华，林川，丘邦翰等．会计师事务所更迭与审计质量——中、美上市公司的比较［J］. 审计与经济研究，2011（5）：21－29.

[198] 薄仙慧，吴联生．盈余管理、信息风险与审计意见［J］. 审计研究，2011（1）：90－97.

［199］ JOHL S，JUBB C，HOUGHTON K. Earnings management and the audit opinion：evidence from Malaysia ［J］. Managerial Auditing Journal，2007，22（7）：688－715.

［200］ 杨秀艳，郑少锋．审计意见对上市公司盈余管理的识别分析［J］. 中国海洋大学学报（社会科学版），2007（2）：73－76.

［201］ 金玉娜．盈余管理会影响审计意见——基于两类盈余管理的经验研究［J］. 金融教学与研究，2012（5）：42－45.

［202］ O'KEEFE T B，KING R D，GAVER K M. Audit fees，industry specialization，and compliance with GASS reporting ［J］. Journal of Practice and Theory，1994，13（2）：41－45.

［203］ PALMROSE Z. Audit fees and auditor size：further evidence ［J］. Journal of Accounting Research，1986，24（1）：97－110.

［204］ FRANCIS J R，SIMON D T. A test of audit pricing in the small－client segment of the U. S. audit markets ［J］. The Accounting Review，1987，62（1）：145－157.

［205］ 上官鸣，王瑞丽．基于审计费用视角的盈余管理实证研究［J］. 会计之友，2010（12）：109－110.

［206］ LA PORTA R，LOPEZ－DE－SILANES F，SHLEIFER A，et al. Law and finance ［J］. The Journal of Political Economy，1998，106（6）：1113－1155.

［207］ 张岗，陈旭东．市场化进程、股权激励与真实、应计盈余管理［J］. 财会通讯，2014（12）：52－54.

［208］ 贺琛，陈少华，余晴．制度环境、管理层权力与盈余管理［J］. 现代财经（天津财经大学学报），2014（10）：80－95.

［209］ 张泽南，马永强．市场化进程、薪酬差距与盈余管理方式选择［J］. 山西财经大学学报，2014（7）：91－104.

［210］ 陈克兢，李延喜，孙文章等．制度约束还是制度诱导——中国上市公司盈余管理策略演变的经验证据［J］. 管理评论，2016（5）：122－136.

［211］ 樊纲，王小鲁，朱恒鹏．中国市场化指数——各地区市场化相对进程 2011 年报告［M］. 北京：经济科学出版社，2011.

[212] 王小鲁，余静文，樊纲. 中国市场化八年进程报告 [NB/OL]. 财经，2016 (4)：http：//magazine. caijing. com. cn/20160414/4105318. shtml.

[213] 夏立军，方铁强. 政府控制、治理环境与公司价值——来自中国证券市场的经验证据 [J]. 经济研究，2005 (5)：40 - 51.

[214] 严太华，王欣. 地区间市场化进程与上市公司价值的差异 [J]. 改革，2008 (2)：124 - 129.

[215] LA PORTA R，LOPEZ - DE - SILANES F，SHLEIFER A，et al. Investor protection and corporate valuation [J]. Journal of Finance，2002，57 (3)：1147 - 1170.

[216] 刘凤委，张人骥，崔磊磊. 地区市场化进程、市场分割与公司关联交易行为 [J]. 财经研究，2007 (6)：43 - 54.

[217] 雷光勇，刘慧龙. 市场化进程、最终控制人性质与先进股利行为——来自中国A股公司的经验证据 [J]. 管理世界，2007 (7)：120 - 128.

[218] 甄红线，张先治，迟国泰. 制度环境、终极控制权对公司绩效的影响——基于代理成本的中介效应检验 [J]. 金融研究，2015 (12)：162 - 177.

[219] 姜英兵，严婷. 制度环境对会计准则执行的影响研究 [J]. 会计研究，2012 (4)：69 - 78.

[220] 胥朝阳，刘睿智. 提高会计信息可比性能抑制盈余管理吗 [J]. 会计研究，2014 (7)：50 - 57.

[221] 肖浩. 公司财务信息透明度、内部人交易和股价特质性波动 [J]. 中央财经大学学报，2015 (11)：62 - 74.

[222] 张祥建，郭岚. 大股东控制欲盈余管理行为研究：来自配股公司的证据 [J]. 南方经济，2006 (1)：72 - 86.

[223] 李宁，刘玉红. 大小非减持过程中的盈余管理行为及监管策略 [J]. 财经问题研究，2009 (11)：56 - 60.

[224] 林川，曹国华. 地区市场化进程与大股东减持差异 [J]. 上海金融，2013 (4)：27 - 31.

[225] MAKSIMOVIC V，TITMAN S. Financial policy and reputation for prod-

uct quality [J]. The Review of Financial Studies, 1991, 4 (1): 175 - 200.

[226] DOYLE J, GE W, MCVAY S. Determinants of weakness in internal control over financial reporting [J]. Journal of Accounting and Economics, 2007, 44 (1): 193 - 223.

[227] CHAN K C, FARRELL B, LEE B. Earnings management of firms reporting material internal control weakness under section 404 of the sarbanes - oxley act [J]. Auditing: A Journal of Practice & Theory, 2008, 27 (2): 161 - 179.

[228] 董望，陈汉文．内部控制、应计质量与盈余反应——基于中国 2009 年 A 股上市公司的经验证据 [J]. 审计研究，2011 (4): 68 - 78.

[229] 方红星，金玉娜．高质量内部控制能抑制盈余管理吗？——基于自愿性内部控制鉴证报告的经验研究 [J]. 会计研究，2011 (8): 53 - 96.

[230] 曹曦文．权利强度、内部控制与企业真实盈余管理 [J]. 中国注册会计师，2016 (5): 62 - 67.

[231] 余宛泠，王启源．中国企业内部控制研究综述 [J]. 经济问题探索，2015 (4): 174 - 180.

[232] GOH B W, LI D. Internal controls and conditional conservatism [J]. The Accounting Review, 2011, 86 (3): 975 - 1005.

[233] 方红星，孙翯，金韵韵．公司特征、外部审计与内部控制信息的自愿披露——基于沪市上市公司 2003—2005 年年报的经验研究 [J]. 会计研究，2009 (10): 44 - 52.

[234] 杨德明，胡婷．内部控制、盈余管理与审计意见 [J]. 审计研究，2010 (5): 90 - 97.

[235] 杨有红，毛新述．内部控制、财务报告质量与投资者保护——来自沪市上市公司的经验证据 [J]. 财贸经济，2011 (8): 44 - 50.

[236] 张嘉兴，傅绍正．内部控制、注册会计师审计与盈余管理 [J]. 审计与经济研究，2014 (2): 3 - 13.

[237] SHLEIFER A, VISHNY R W. Large shareholders and corporate control [J]. Journal of Political Economy, 1986, 94 (3): 461 - 488.

[238] LA PORTA R, LOPEZ - DE - SILANES F, SHLEIFER A. Corporate

ownership around the world [J]. Journal of Finance, 1999, 54 (2): 471 - 517.

[239] CLAESSENS S, DJANKOV S, LANG L. Disentangling the incentive and entrenchment effects of large shareholdings [J]. Journal of Finance, 2002, 57 (6): 2741 - 2771.

[240] DJANKOV S, GLAESER E, LA PORTA R, et al. The new comparative economics [J]. Journal of Comparative Economics, 2003, 31 (4): 595 - 619.

[241] 祝继高，叶康涛，陆正飞. 谁是更积极的监督者——非控股股东董事还是独立董事 [J]. 经济研究，2015 (9): 170 - 184.

[242] ENG L L, MAK Y T. Corporate governance and voluntary disclosure [J]. Journal of Accounting and Public Policy, 2003, 22 (4): 325 - 345.

[243] PEASENLL K V, POPE P F, YOUNG S. Board monitoring and earnings management: do outside directors influence abnormal accruals [J]. Journal of Business Finance & Accounting, 2005, 32 (9): 1311 - 1346.

[244] 胡奕明，唐松莲. 独立董事与上市公司盈余信息质量 [J]. 管理世界，2008 (9): 149 - 160.

[245] 朱雅琴，姚海鑫. 独立董事、审计委员会与信息透明度——来自深圳证券交易所 A 股上市公司的经验证据 [J]. 东北大学学报 (社会科学版)，2011 (2): 128 - 133.

[246] FORKER J J. Corporate governance and disclosure quality [J]. Accounting and Business Research, 1992, 22 (6): 111 - 124.

[247] BEASLEY M S. An empirical analysis of the relation between board of director composition and financial statement [J]. The Accounting Review, 1996, 71 (10): 443 - 465.

[248] 黄文伴，李延喜. 公司治理结构与盈余管理关系研究 [J]. 科研管理，2010 (6): 144 - 150.

[249] 江维琳，李琪琦，向锐. 董事会特征与公司盈余管理水平——基于中国民营上市公司面板数据的研究 [J]. 软科学，2011 (5): 142 - 144.

[250] 邓小洋，李芹. 基于盈余管理视角的独立董事有效性研究 [J].

财经理论与实践，2011（1）：65－68.

［251］黄芳，杨七中．独立董事本地化对公司盈余管理的影响——来自2010—2014年A股上市公司经验证据［J］．财经理论与实践，2016（1）：81－88.

［252］叶康涛，陆正飞，张志华．独立董事能否抑制大股东的“掏空”？［J］．经济研究，2007（4）：101－111.

［253］傅蕴英．盈余管理与公司治理——基于审计意见的研究［D］．重庆大学博士学位论文，2004.

［254］龚慧云，刁淑婷．内部治理结构下的真实盈余管理研究——基于深市A股制造业上市公司的经验数据［J］．求索，2016（11）：116－120.

［255］唐清泉．上市公司作用下独立董事任职的动机与作用——基于上海证券交易所的实证研究［J］．管理科学，2005（4）：8－13.

［256］胡元木，刘佩，纪端．技术独立董事能有效抑制真实盈余管理吗？——基于可操控R&D费用视角［J］．会计研究，2016（3）：29－35.

［257］HUBBARD R G，PALIA D. Executive pay and performance：evidence from the U. S. banking industry［J］. Journal of Financial Economics，1995，39（1）：105－130.

［258］CRAWFORD A J，EZZELL J R，MILES J A. Bank CEO pay－performance relations and the effects of deregulation［J］. Journal of Business，1995，68（2）：231－256.

［259］BRYAN S，HWANG L S，LILIEN S. CEO stock－based compensation：an empirical analysis of incentive－intensity，relative mix，and economic determinants［J］. Journal of Business，2000，73（4）：661－693.

［260］辛清泉，谭伟强．市场化改革、企业业绩与国有企业经理薪酬［J］．经济研究，2009（11）：68－81.

［261］史丹．浅议我国独立董事激励机制的完善——以薪酬激励为角度［J］．法制与社会，2011（13）：45－46.

［262］谭劲松．独立董事“独立性”研究［J］．中国工业经济，2003（10）：64－73.

[263] 邹津. 我国上市公司独立董事与公司业绩的实证分析 [J]. 特区经济, 2007 (4): 118-120.

[264] 陈旭东, 迟丹凤. 上市公司独立董事与公司业绩相关性的实证研究 [J]. 财会通讯, 2007 (8): 8-14.

[265] 谢德仁, 黄亮华. 独立董事津贴与公司业绩正相关吗——信号显示抑或激励? [J]. 管理学家, 2013 (3): 52-70.

[266] 王建明. 独立董事薪酬激励机制实证分析 [J]. 技术经济, 2011 (6): 125-130.

[267] BEKAERT G, WU G. Asymmetric volatility and risk in equity markets [J]. Review of Financial Studies, 2000, 13 (1): 1-42.

[268] 潘越, 戴亦一, 刘思超. 我国承销商利用分析师报告托市了吗? [J]. 经济研究, 2011 (3): 131-144.

[269] 许年行, 于上尧, 伊志宏. 机构投资者羊群行为与股价崩盘风险 [J]. 管理世界, 2013 (7): 31-43.

[270] XU N H, LI X R, YUAN Q B, et al. Excess perks and stock price crash risk: evidence from China [J]. Journal of Corporate Finance, 2014, 25 (4): 419-434.

[271] 王化成, 曹丰, 叶康涛. 监督还是掏空——大股东持股比例与股价崩盘风险 [J]. 管理世界, 2015 (2): 45-57.

[272] JIN L, MYERS S C. R^2 around the world: new theory and new tests [J]. Journal of Financial Economics, 2006, 79 (2): 257-292.

[273] HUTTON A P, MARCUS A J, TEHRANIAN H. Opaque financial reports, R^2, and crash risk [J]. Journal of Financial Economics, 2009, 94 (5): 67-86.

[274] 杨棉之, 李鸿浩, 刘骁. 盈余持续性、公司治理与股价崩盘风险——来自中国证券市场的经验证据 [J]. 现代财经 (天津财经大学学报), 2017 (1): 27-39.

[275] 周爱民, 遥远. 真实盈余管理、监督压力与股价崩盘风险 [J]. 上海金融, 2018 (7): 1-6.

［276］侯德帅，董曼茹，付彬．公司战略差异、真实盈余管理与股价崩盘风险［J］．财会通讯，2018（12）：3－8.

［277］BENMELECH E，KANDEL E，VERONESI P. Stock－based compensation and CEO（dis）incentives［J］. The Quarterly Journal of Economics，2010，125（4）：1769－1820.

［278］李超颖，张玥，李烜博等．公允价值下的盈余管理：平稳利润下的危机——以 A 上市公司为例［J］．会计与经济研究，2018（4）：46－61.

［279］张峥，李怡宗，张玉龙等．中国股市流动性间接指标的检验——基于买卖价差的实证分析［J］．经济学（季刊），2014（1）：233－262.

［280］李井林，胡林琪，徐静航等．股票市场错误定价：测度方法、形成机理与经济后果［J］．金融评论，2018（5）：114－121.

［281］LANG M，MAFFETT M. Transparency and liquidity uncertainty in crisis periods［J］. Journal of Accounting and Economics，2011，52（2）：101－125.

［282］NG J. The effect of information quality on liquidity risk［J］. Journal of Accounting and Economics，2011，52（2）：126－143.

［283］SADKA R. Liquidity risk and accounting information［J］. Journal of Accounting and Economics，2011，52（2）：144－152.

［284］金韵韵．上市公司盈余质量对证券市场流动性的影响［J］．财经问题研究，2014（3）：49－56.

［285］杨洁，吴武清，钟湄莹等．企业盈余管理与流动性风险［J］．系统工程学报，2017（3）：346－359.

［286］胡华夏，李真真，洪荭．信息透明度与股票流动性风险：投资者行为的中介作用［J］．财会月刊，2018（11）：19－25.

［287］LANG M，LINS K V，MAFFETT M. Transparency，liquidity and valuation：international evidence on when transparency matters most［J］. Journal of Accounting Research，2013，50（3）：729－774.

［288］AMIHUD Y，MENDELSON H，PEDERSEN L H. Illiquidity and stock returns：cross－section and time－series effects［J］. Journal of Financial Markets，2002，5（1）：31－56.

[289] 张超林，杨竹清．股票流动性、代理效率与企业技术创新——基于泊松回归的实证研究［J］．华东经济管理，2018（11）：151－158.

[290] 闫红蕾，赵胜民．上市公司股票流动性对企业创新的促进作用［J］．经济理论与经济管理，2018（2）：98－112.